日本の国難
2020年からの賃金・雇用・企業

中原圭介

講談社現代新書

2463

はじめに

少なくとも2020年までは大丈夫？

2020年の東京オリンピックを挟んで、今後、世界経済や日本経済はどのような推移をたどると、みなさんは予想していますか。

トランプ氏がアメリカ大統領選に勝利した2016年11月以降、アメリカ・欧州・日本の主要株価指数は2018年2月の時点で2～3割程度の上昇をしています。2018年2月にアメリカ株を中心に一時的な急落はあったものの、依然として上昇基調は続いているといえるでしょう。こういった株式市場の雰囲気から判断すると、「オリンピックの後はともかく、少なくとも2020年までは大丈夫なのではないか」と楽観的に捉えている人が多いかもしれません。

世界の株式市場が上昇基調にあるのは、主にふたつの要因があります。

ひとつめの要因は、世界経済が堅調に推移しているということです。たとえば、経済協力開発機構（OECD）が2017年9月に公表した世界経済の見通しによれば、一時期、低迷が伝えられていたブラジルやロシア、ギリシャなどの国々がここにきてようやくプラス成長に転じるとともに、主要45ヵ国すべてが10年ぶりに経済成長を達成したということです。また、国際通貨基金（ＩＭＦ）の最新の経済見通し（２０１８年1月）でも、２０１６年半ばから始まった世界経済の拡大傾向は今後も継続し、２０１７年の成長率を３・７％、２０１８〜２０１９年は３・９％になるだろうと予測しています。こうした先行きの明るさが、世界経済の成長に対する期待を高めているように感じます。

ふたつめの要因は、主要国の中央銀行、とりわけＦＲＢ（アメリカ連邦準備制度理事会）が金融緩和の傾向をなかなか止められないという思惑があることです。金融市場の関係者の多くは、「歴史的な低金利はあと1〜2年は続くだろう」という見通しを持っています。アメリカの雇用や消費に関する経済指標が堅調さを示している一方で、物価上昇率はＦＲＢが想定していた通りには伸びていないからです。ジャネット・イエレン前議長（２０１８年2月退任）が物価の伸びない状況に懸念を示していることから、ＦＲＢは２０１８年以降の利上げのペースを緩やかにせざるをえないと考えています。物価が伸び悩んでいるあいだは、ＦＲＢは利上げを速いペースで続ける

図表0-1　米国の株価と長期金利の推移（2000〜2017年、月次終値）

ことができないので、株式投資にはしばらく強気で対応できるという姿勢が強まっているわけです（図表0－1参照）。

ＥＣＢ（欧州中央銀行）の量的緩和政策が予定通りに終わらないことも、歴史的な低金利があと１〜２年は続くという見通しを補強しているようです。もともとＥＣＢの方針では、量的緩和に伴う資産購入を２０１７年12月に終了する予定だったのですが、資産購入額を半減させるという条件付きで２０１８年９月まで延長することを決定しています。マリオ・ドラギ総裁もＦＲＢのイエレン前議長と同様、物価上昇が弱い状況に懸念を示し、ＥＣＢの基本的な政策に変化がないことを強調しているのです。量的緩和の終了時期を延長したために、利上げの時期はさらにその後にずれ込むのが確実となり、金融市場の関係者の多くが「ＥＣＢの利上げは２０１９年以降になるだろう」と考えています。

株価はすでに割高水準

たとえ世界経済が拡大しているからといっても、物価が伸び悩んでいるという経済が脆弱《ぜいじゃく》な状況のなかでは、主要国の中央銀行はモノの買い控えを助長しかねない利上げ（金融引き締め）を緩慢にしか進められないものです。世界中の投資家たちがそういった緩和継続の流れを歓迎し、マネーを株式や不動産などの値上がりが期待できるリスク資産に過度に振り向けるようになっているのです。

株式市場の強い動きに引きずられるように、アメリカをはじめ多くの国々の専門家が、将来の株価について楽観的な予想にだいぶ傾いてきています。日本でも２０１７年末頃から、「ＮＹダウ平均株価は3万ドル、日経平均株価は3万円に達する」という見解がじわじわと勢いを増してきていました。さすがに２０１８年2月にアメリカの株価が一時的とはいえ大幅な下落をしたために、そこまでの強気な予想は鳴りをひそめましたが、いつも不思議に思うのは、株価が上がる局面ではさらに強気な予想が増え、楽観的な雰囲気が醸成されるということです。そういった意味では、専門家も一般の人々も大差はないといえるのかもしれません。

ふだん、私は経済アナリストとして企業や金融機関への助言や提言を行う傍ら、書籍や雑誌、東洋経済オンラインなどのニュースサイトで、経済や消費の動向分析を執筆しています。そんな私が、今の中央銀行の金融政策で危惧しなければならないと思うのは、物価目標に固執するあまり、経済のパラダイム（思考の枠組み）が変わっている状況を無視してしまっているということです。

経済のグローバル化やＩＴの技術革新によって、先進国では海外から安価なモノ・サービスが流入したのに加えて、労働分配率が低下する傾向が鮮明になっています。先進国では１９９０年代までとは異なり、高齢化の進展もあり労働力人口の伸びが鈍化するという問題も生じてきています。そのうえ、中国などの新興国の成長率は減速し、世界全体を牽引する力は落ちてきているのです。

世界の中央銀行、とくにアメリカ・欧州・日本の中央銀行は、２００８〜２００９年の世界金融危機後の量的緩和政策によって世の中に出回るお金の量を増やせば、２

％程度の物価上昇を引き起こすだろうと考えてきましたし、金融危機の沈静化には有効だった政策が実体経済の力強い回復にもつながるだろうとも考えてきました。だからこそ、アメリカ・欧州・日本の中央銀行は超低金利を演出してきたのですが、その結果として、株式や不動産などの資産価格に過熱感があるにもかかわらず、思い切って金融政策を引き締めの方向に持っていきにくくなっています。

すなわち、構造的に低成長・低物価から抜け出せなくなった経済を金融緩和で無理に押し上げ続けようとした挙げ句、それが投資家たちの傲慢さや慢心を生み出し、資産バブルに近い状況を醸成しつつあるといえるのです。

ＦＲＢのイエレン前議長やジェローム・パウエル新議長にしても、ＥＣＢのドラギ総裁にしても、日銀の黒田東彦総裁にしても、失業率が下がると賃金が上昇し、物価上昇率も上がるという古典的な経済理論（フィリップス曲線）にとらわれ過ぎています。経済のパラダイムが大きく変化しつつあるなかで、金融政策の正常化がインフレ次第と考えていること自体が、今後の経済の最大のリスクとなってしまっているのです。

その最大のリスクとは、「経済の成長率をはるかに上回るペースでマネーが増殖し、株式や債券、不動産の価格を必要以上に押し上げている」ということです。物価目標だけを見て金融政策を運営することによって、緩和の縮小が遅れてしまうばかりか、株式や債券、不動産がバブルを目指して膨らみ続けていきます。

いまは「最もリスクの高い局面」

２０１７年末の時点で世界の株式時価総額は80兆ドルをゆうに超えていて、世界のＧＤＰを大幅に上回っています。世界の株式時価総額とＧＤＰを比較するバフェット指標（伝説的投資家ウォーレン・バフェットが株価の割安・割高を判断する指標）によれば、世界の株価は２０１７年の春以降、割高とされる水準で推移し続けています。

また、エール大学のロバート・シラー教授が考案した長期的な株価水準を示すＣＡＰＥ指数によれば、２０１７年12月時点のＮＹダウ平均のＰＥＲ（株価収益率／高ければ高いほど株価は割高とされる）は32倍を超えていて、すでに２００７年の住宅バブル時の水準を上回り、２０００年のＩＴバブル時の水準にも接近しています。

おまけに、２０１７年のノーベル経済学賞を受賞したシカゴ大学のリチャード・セイラー教授はアメリカの株価について、「最もリスクの高い局面に見えるのに、株式市場は昼寝を決め込んでいるようだ」と指摘しています。行動経済学・行動ファイナンス理論の先駆者のこの言葉には重みがあるように思われます。

そのうえ、アメリカでは住宅価格が2008年の世界金融危機前の水準に達しようとしているのに加えて、商業用不動産価格は危機前の1・3倍にまで高騰してきています。カナダでも主要都市の住宅価格が危機前の2倍にまで高騰し、欧州では住宅バブル崩壊の後遺症が残っているイタリアやスペインなど一部の国々を除いて、不動産価格の高騰が社会問題としてクローズアップされてきているのです。

さらに、世界の債券市場では、低格付け債やジャンク債（投資適格に満たない格付けの債券）までが人気化している事例が続出しています。典型的な事例としては、2017年6月にアルゼンチンが100年債を発行した時に、募集額の3・5倍もの申し込みがあったといいます。アルゼンチンは20世紀に6回もデフォルトを起こしているため、10年前であれば募集額を集めることすら難しかったというのに、カネ余りがリスクを無視した投資を横行させている証左といえるのでしょう。

間違っていた「インフレ目標政策」

そもそも経済の常識的な考え方が間違っていると思うのは、物価上昇と景気拡大を単純にイコールで結びがちだという点です。たとえば２０００年以降、金融危機が起こるまでのアメリカが２％のインフレ目標を達成できていたのは、決してＦＲＢの金融政策が成功していたからではありません。たしかに、アメリカの消費者物価は２００９年以降、ＦＲＢの物価目標である２％を下回っている年が多いものの、２０００年以降では年平均で２％の物価上昇を達成することができています。２０００年の消費者物価指数を１００として計算すると、２０１７年は実に１４２にまで上がってきているのです。経済学的には物価の上昇は「良」とされているので、アメリカはまさに経済の優等生であるといえるでしょう。

しかし、私たちが見誤ってはいけないのは、このようなアメリカの物価上昇は国民生活が向上することによって達成されたわけではないということです。本当のところは、中国の急激な経済成長に伴い原油の需要が急拡大し、原油価格が高騰することによって起こったものなのです。その証拠として、アメリカの物価指数を項目ごとに分解して見ていくと、物価の本当の姿を捉えることができます。すなわち、２０００年以降でとくに物価上昇が激しかったのは、主としてガソリン、電気、食料などといった生活に欠かせないモノばかりだったのです（図表０－２参照）。

図表0-2　米国の食料、電気、ガソリン価格の推移（2000～2017年）

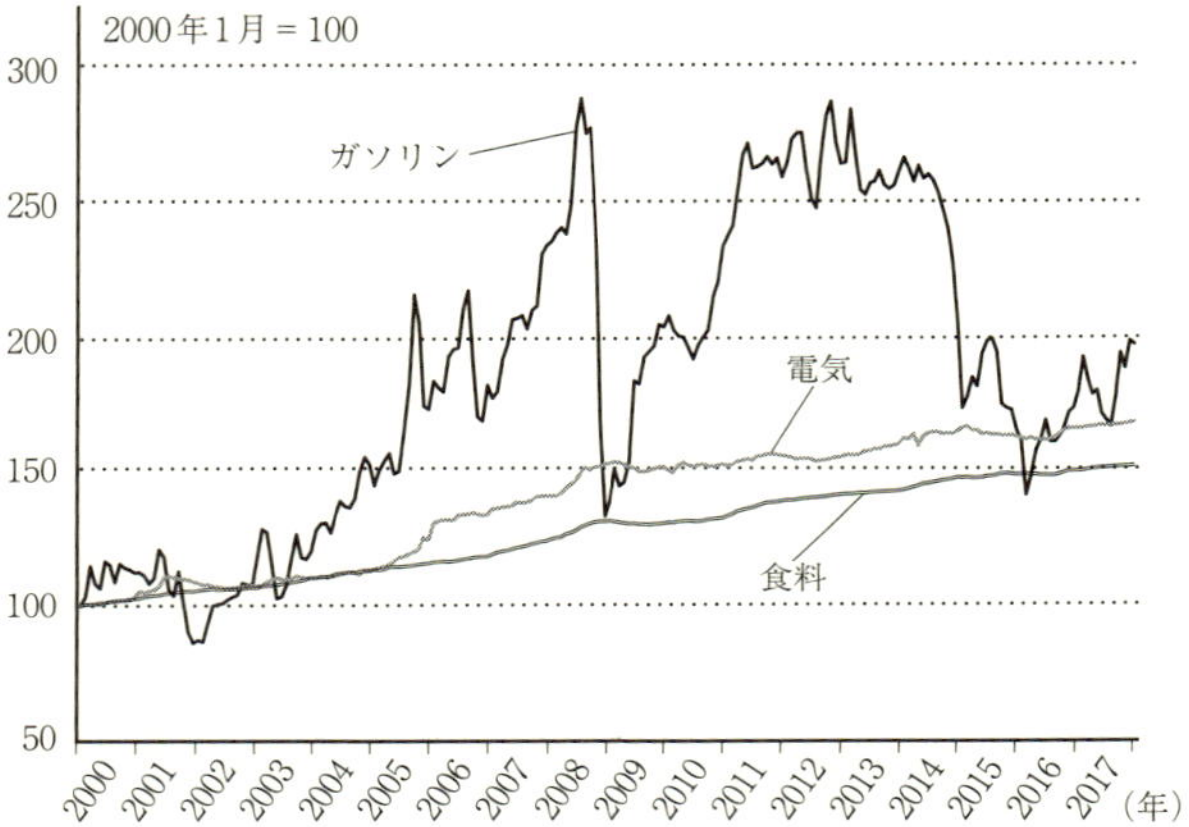

出典）米労働省

原油価格が上がると電気料金も上がるというのは当然のことですが、なぜ原油価格が上がると食料価格まで上がるのかというと、現代の農業が石油に大きく依存しているからです。たとえば、畑を耕すトラクターの燃料は軽油ですし、肥料を散布する飛行機の燃料はケロシン（灯油に近い燃料）です。野菜を栽培するビニールハウスの暖房用の燃料は、主に灯油などが使われています。原油価格が上がれば、軽油やケロシン、灯油などもそれに連動して上がり、小麦、大豆、トウモロコシなどの価格も上がっていくのです。トウモロコシや大豆などの飼料穀物の価格が上がれば、鶏、豚、牛など食肉の価格も上がっていくというわけです。

アメリカの1世帯あたりの実質所得（中央値）が2000年より低い水準にとどまっている状況下において、ガソリン、電気、食料といったモノが2000年からどれだけ上がったのかを計算してみると、ガソリン価格は最高値の時に2・9倍、電気料金は1・7倍、食料価格は1・5倍にまで上昇しています。

その一方で、自動車や衣料品などの価格はほとんど上がらずに、電化製品の価格などは日本ほどではないにせよ、大幅に下がってしまっていたのです。消費者物価の上昇率を大きく超えて、生活に必要不可欠なモノの価格が上昇してしまったというのは、市井《しせい》の人々の生活感覚から判断すれば、正味の実質所得は公表されている実質所得よりもずっと低くなっているということを意味しています。

2017年末の時点でも、ガソリン価格は2・0倍、電気料金は1・7倍、食料価格は1・5倍の水準にあることを考えると、アメリカ国民の生活が日本と比べてかなり厳しい状況にあることがわかります。富裕層や裕福な中間層より下の人々にとっては、正味の実質所得は統計上の実質所得よりも1～2割くらい落ちていると考えられるのではないでしょうか。少なくとも2000年以降のインフレは、アメリカの景気拡大によるインフレというよりも、人々の生活水準を押し下げたインフレであったという要素のほうが強かったといえるでしょう。

ただ、2000〜2007年にアメリカ国民がそれを認識できなかった背景には、住宅バブルがそれを覆い隠していたという事情があります。大して所得がない人々でも、住宅ローンやクレジットカードローンで借金漬けの生活を許されたのですから、たとえ低所得であっても生活が苦しいなどと感じる機会は少なかったでしょう。しかし、住宅バブルが崩壊した後は、そういった隠れていた事実が噴出し、アメリカが深刻な貧困や格差の問題に苦しむことになったのです。

その結果として、2011年に「ウォール街を占拠せよ」をスローガンとした大規模デモが起こったのですし、2014〜2015年にかけて全米各州で最低賃金を大幅に引き上げる動きが広がっていたわけです。

現実に、アメリカ国民の生活が極めて疲弊しているのは、アメリカ政府が2012年に公表しているように、国民の6人に1人が貧困層、3人に1人が貧困層または貧困層予備軍に該当するという厳しい調査結果が表しています。アメリカのGDPと企業収益が金融危機の時期を除いて順調に拡大基調を続けてきたのとは対照的に、国内で貧困層および貧困層予備軍が増え続けて格差が史上最悪の水準にまで拡大してしまったというのですから、少なくとも2000年以降で見れば、インフレ目標政策がいかに間違っていたのかということを、私たちはしっかりと認識する必要があるでしょう。

厳しい現実から希望を見出すために

私がいつも疑問に思っているのは、「経済政策や金融政策はいったい誰のために存在するのか」ということです。すべての人々や企業に平等に恩恵をもたらすユートピア的な経済政策や金融政策などは存在しないという現実を、私も承知しているつもりです。とはいえ、それにしてもアメリカの大型減税策や日本のアベノミクス、主要国の中央銀行のインフレ目標政策などは、富裕層や大企業などごく一部に恩恵を集中させる政策のため、普通に暮らす大多数の人々の立場から見ると、あまりにも希望が持てないものばかりです。経済の本質や歴史について先入観を持たずにしっかりと検証していれば、このような愚かな経済政策や金融政策を行うはずがなかったのです。

私の先の疑問に対する答えはもちろん、普通の暮らしをしている人々のために存在しているということです。マクロ経済学を確立させたケインズの師匠でもあった、ケンブリッジ大学のアルフレッド・マーシャル教授は学生たちをロンドンの貧民街に連れて行き、そこで暮らす人々の様子を見せながら、「経済学者になるには冷徹な頭脳と温かい心の両方が必要である」と教え諭したといわれています。アメリカの主流派の経済学者たちや、彼らを支持する欧州や日本の経済学者たちには、ぜひともマーシャル教授と同じ志を持ってほしいと思っています。

そのうえで、なぜアメリカで貧困や格差が深刻化しているのか、なぜトランプ大統領が誕生するまでになったのか、そういった現実をしっかりと直視しながら、普通の人々の生活を苦しめる経済金融政策を改めなければならないという考えに行き着いてほしいのです。

本書は、2020年の東京オリンピック以降の日本経済や国民生活がどうなっているのかについて、日本の企業や雇用、賃金にスポットをあてながら、楽観的にも悲観的にも偏らずに冷静に分析を述べたものです。2020年前後から世界経済の大きな流れが変わるなか、少子高齢化が世界でいち早く進む日本は、ITやAIといった技術革新によって本当に国民生活を豊かにすることができるのか——経済の常識がはらむ根本的な誤りも含めて説明していきたいと思います。

目　次

はじめに　3
少なくとも2020年までは大丈夫?／株価はすでに割高水準／いまは「最もリスクの高い局面」／間違っていた「インフレ目標政策」／厳しい現実から希望を見出すために

第1章　世界金融危機「再来」の可能性
――いつはじけてもおかしくない「借金バブル」　21
本当に「好景気」は続くのか／物価下落と低金利／リーマン・ショック時を上回るアメリカ人のローン／景気後退が始まるのはいつ?／膨張する中国の民間債務／借金経済の先で待ち受ける「大きな落とし穴」／世界中で膨れ上がる「借金バブル」／財政出動は「愚者の考え」／蓄積する〝マグマ〟／人々の実質賃金を下げたアベノミクス／置き去りにされた国民生活

第2章　日本経済を蝕む最大の病
――30年間放置されていた「深刻で静かなる危機」　53
30年前からわかっていたことなのに／毎年、品川区や豊中市が〝消失〟している／

「魔法の杖」は存在しない／切実な税収不足と社会保障費の膨張のはて／生産性革命への疑問

第3章　2020年以後の日本の雇用——イノベーションと生産性向上が失業者を増やす　77
日本にも忍び寄る「アマゾン・ショック」／工場では人が不要になる／銀行・生保・損保業界は人員削減／変わる流通業と小売業の現場／高度な専門職ほどAIのほうが向いている／最強エリート・医師を襲う淘汰の波／労働力人口が減少しても、雇用が悪化する理由／利益は多いのに雇用は少ない

第4章　2020年以後の日本の企業——トヨタが「東芝化」する可能性　113
日本が誇る自動車産業の弱点／欧州は電気自動車に舵を切っているのに／世界最大の市場・中国が決定づけた世界の流れ／ディーゼル車にこだわる欧州一強「ドイツ」の苦境／ハイブリッド車にこだわる「世界のトヨタ」の不安／窮地に立たされた日本のメーカー／日本企業の将来を左右する電池開発／電気自動車がもたらす経済的リスク／日本の大企業は淘汰・再編へ

第5章　２０２０年以後の日本の賃金——増税・ドル円相場・原油価格から考える　149

名目賃金「微増」にだまされてはいけない／いよいよ中所得層も所得増税の対象へ／２０１９年に消費増税、その他の増税・新税も続々／自公政権の「１００年安心できない」制度／国民年金も国民健康保険も増額は必至／可処分所得が10％も減ってしまう？／円安はインフレ税である／適正なドル円相場とは／請負経済（ギグ・エコノミー）の弊害／長期的な原油価格が賃金に与える影響／経済統計の留意点

第6章　生き残る自治体と転げ落ちる自治体——少子化対策と地方創生をどうするか　185

東京圏への一極集中が元凶／地方回帰した大企業——コマツの少子化対策／子どもの数が３・４倍に／地元を活気づける副次効果／退職後の健康寿命が延びるわけ／コマツ流が広まらない理由／企業と地方のコラボが不可欠／大企業と大学のセットが地方を救う／生き残る県、転げ落ちる県

おわりに　208

豊かさの代償としての世界的な失業問題／技術革新が抱える最大の問題／生産性革命の末路／行き着く先はＡＩ、ロボットへの課税

図表制作　有限会社バウンド

第1章

世界金融危機「再来」の可能性

——いつはじけてもおかしくない「借金バブル」

本当に「好景気」は続くのか

これからの世界経済の大きな流れについて、読者のみなさんはどのようにお考えでしょうか。アメリカであれ、欧州であれ、日本であれ、圧倒的多数の経済の専門家たちは、「世界経済の拡大基調は、2018～2019年も続くだろう」という見解を示しています。そのような専門家の見解を聞いている市井の人々のなかには、「世界経済は今後も順調に成長していくだろう」と考えている方々がけっこう多いのではないでしょうか。

たしかに、世界経済は今のところ、堅調に推移しています。国際通貨基金（IMF）や経済協力開発機構（OECD）が2017年以降になって、世界経済の見通しについて上方修正を繰り返しています。「はじめに」でも触れたように、とりわけOECDが2017年9月に公表した見通しにおいて、近年低迷していたブラジル、ロシア、ギリシャなどの国々も2017年はプラス成長に転換し、2007年以来10年ぶりに主要45ヵ国すべてが経済成長を達成するとしてからは、世界経済の成長に対する期待がいっそう高まっているようです。

現に、２０１７年末の時点では、世界経済を牽引するアメリカでは消費が増加基調を保っているうえに、欧州でも消費が回復基調を続けていることが確認されています。中国でも公共投資が景気を下支えしているなかで、消費の伸びはそれほど衰えていないようです。日本だけは消費が冷え込んだままですが、その分を輸出と企業収益がカバーしているので、差し当たっては大きな問題がなさそうです。要するに、世界経済全体を俯瞰《ふかん》してみれば、人々の生活水準が向上しているとはいえないものの、それでも好景気の部類には属しているといえるでしょう。

いまの世界の好景気を牽引しているのは、アメリカ人の旺盛な消費です。近年のアメリカの経済成長率が主要先進国のなかで唯一、平均して２％台を保つことができているのは、個人消費の伸びが３％台と高い伸びで推移し、経済全体の成長率を引き上げているからです。

消費が活発であればあるほど、海外からの輸入も必然的に増加していきます。米商務省の発表によるとアメリカの２０１７年の輸入額は２兆３４２９億ドルと前年比で７％増えましたが、それに伴い貿易赤字は７９６２億ドルと８・１％増えて、２００８年以来の９年ぶりの大きさになりました。全体の約半分を占める対中国の貿易赤字も、3752億ドルと8・1％増えています。実は、この輸入や貿易赤字の増加が世界経済に好循環をもたらしているのです。

中国の2017年の経済成長率は6・9％（国営新華社通信）と当初の予想より上振れしましたが、それは国内の消費が活発だったのに加えて、輸出がアメリカ向けを中心に大きく増えたからです。中国は輸出が好調であれば、輸入も必然的に増加していき、中国の2017年の輸入額は18・7％（中国税関総署）も増加しています。

中国の輸入増加は日本やアジア全体の経済を刺激し、さらなる好循環をもたらしています。その結果、2017年の日本の輸出額は11・8％増えましたが、そのなかでも中国向け輸出は20・5％増と突出しているのです。2017年の日本の成長率が1・6％と上振れしたのは、この輸出の増加が日本の成長率を引き上げていたというわけです。日本と同じように、他のアジア各国の成長率も、中国への輸出増加によって引き上げられています。

物価下落と低金利

今の世界の好景気の循環経路をざっくりと見てみると、アメリカは中国からの輸入を増やし、中国の経済成長を底上げしている一方で、中国は日本やアジアの国々からの輸入を増やし、アジア全体の経済成長を下支えしています。当然のことながら、アメリカの輸入拡大は南米や欧州の経済成長を押し上げていますし、中国の輸入拡大も欧州や中東、アフリカの経済成長を押し上げています。さらには、こういった好循環はいろいろな経路をたどって、世界全体に波及していくことになります。最終的には、世界全体が好景気になり、アメリカの2017年の輸出額も6・6％増えるかたちとなっています。いずれにしても、世界経済の成長の原動力は、アメリカ人の消費が握っているというわけです。

アメリカの個人消費が伸びている要因は、主にふたつあると考えられます。ひとつめの要因というのは、原油安による物価の下落にあります。あまり知られていないことですが、原油安の影響がもっとも色濃く出た2015年には、アメリカの消費者物価はわずか0・1％の上昇にとどまり、卸売物価にいたってはマイナス0・9％とデフレの状況にあったのです。実際のところ、2015年のアメリカの家計所得の中央値は5万6516ドルと5・2％増加し、その増加率は1967年の調査開始以来で最大となっています。これは、物価下落によって実質的な所得が上がり、アメリカ国民の購買力が高まっていた証左であるといえるでしょう。

経済学者も政治家もメディアも間違っているのは、不況とデフレに因果関係があると考えていることです。アメリカがこれまでインフレであったのは、先ほども述べたように、エネルギー価格の高騰が主因です。２０００年以降のエネルギー価格の値上がりは、本来は低インフレでもよいはずのアメリカに悪性のインフレをもたらし、アメリカ国民の生活水準を著しく悪化させてきたのです。

経済を見るうえで大事な視点は、生産設備の供給過剰によってもたらされる製品価格の下落と、エネルギーの供給過剰によってもたらされる物価下落を、明確に分けて考えなければならないということです。歴史を振り返ると、設備投資の供給過剰による物価下落については、企業収益の悪化を通じて、それとほぼ同時に労働者の賃金も下がっていきますし、失業者も増えていきます。その挙げ句には、消費も冷え込んでいきます。

これに対して、エネルギーの供給過剰による物価下落については、たとえ名目賃金が微増であったとしても、物価の下落が進む分には国民生活に余裕ができ、むしろ消費は拡大することが期待できるという効果があります。２０１４年10月から原油価格が暴落したアメリカでは、歴史にならってまさに物価低迷に起因する消費拡大が起っていたのです。エネルギー価格の下落による物価の低迷は、産油国以外の人々の生活にとって購買力の高まりをもたらしていたというわけです。

ふたつめの要因というのは、史上最低の水準で推移する低金利にあります。モノをローンで買うのが一般的なアメリカ国民にとって、金利が上がるというのはローンの支払総額が増えることを意味します。とくに自動車や住宅のように大きな買い物をする場合、ローン金利が上がる前に買っておきたいと考えるのは、人間の心理として万国共通のことでしょう。自動車ローン金利の上昇に伴ってゼロ金利ローンが終わる前に、自動車を買おうとする人々の消費が大いに喚起されているはずでしょうし、住宅ローン金利が上がり始める前に、今の低金利の恩恵を受けようと住宅を買う人々も通常よりは増えているでしょう。低金利の恩恵を受けたい人々の思惑が、購入需要を必要以上に3～4年にわたって押し上げてきているのです。

アメリカ人は「借金」のことを「レバレッジ」という言葉で表現しています。レバレッジという言葉は、日本人のいう借金とは少し意味合いが異なり、手持ちの資金の何倍もの力で行える取引のことを指しますので、いかにも前向きな感じがします。彼らは借金をレバレッジと捉えることによって、借金を大胆にできる、あるいは借金を借金とも思わないような国民性があるのでしょう。

住宅バブルが崩壊する以前、アメリカの家計では住宅を全額借金で購入し、その住宅を担保に再び借金をして自動車をはじめ、様々なモノを購入するという消費パターンが一般的でした。さすがにバブル崩壊後は、アメリカの家計も借金返済を優先しなければならない時期もありましたが、今となっては史上最低の金利水準が家計の借金依存に再び拍車をかける状況になっているのです。ですから、住宅バブル時の勢いはないとしても、アメリカの消費はこれからも増加し続けるだろうと見られています。

２０１８年１月に公表されたＩＭＦの最新の経済見通しでは、２０１７年の世界経済の成長率を３・７％と前回の見通し（２０１７年10月）から上方修正し、２０１８年と２０１９年の成長率も３・９％まで高まっていくだろうと予測しています。２０１６年半ばから始まった世界経済の拡大傾向が、３年連続で継続するだろうと考えているというわけです。

また、ＯＥＣＤの最新の見通し（２０１７年11月）でも、世界経済の成長率は２０１７年に３・６％、２０１８年に３・７％と２年連続で拡大し、２０１９年には３・６

%に減速するとはいうものの、2017～2019年の平均成長率は1990～2007年の平均成長率に迫る勢いだということです。

こういったIMFやOECDの経済予測が強い後押しとなり、実に多くの専門家たちが世界経済の拡大基調は変わらないという見解を堅持し続けているのです。

リーマン・ショック時を上回るアメリカ人のローン

しかしながら、私が現状をどのように認識しているかというと、2020年くらいまでの世界経済の先行きを考えた時に、好況から不況に転じる本質的な問題が、経済の深層部で不均衡として蓄積していて、いつ激震が起きてもおかしくない状況にあると考えます。具体的にはどういうことかというと、リーマン・ショック後の世界的な金融緩和を通して、先進国・新興国を問わず世界中の人々の借金が増えすぎてしまっている事実を重く見るべきなのです。

まずその筆頭として挙げたいのが、アメリカの家計債務です（図表1－1参照）。ニューヨーク連邦準備銀行の調査によれば、アメリカの家計債務は2017年12月末時点で13兆1000億ドル（当時のドル円相場で換算すると約1410兆円）にまで膨らんでしま

図表1-1　アメリカの家計債務の推移（2003年1Q～2017年4Q）

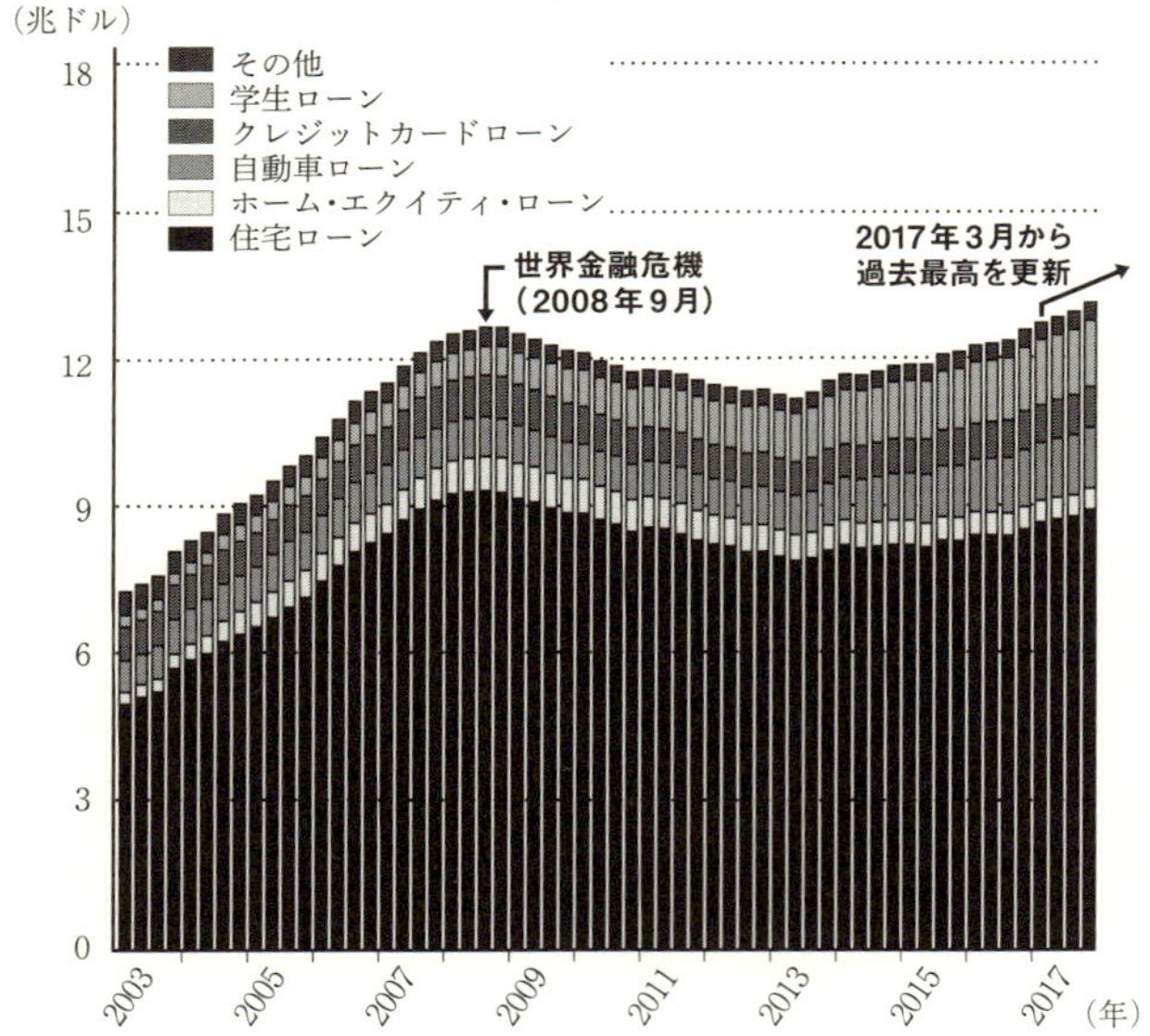

出典）ニューヨーク連邦準備銀行

っているということです。

2017年3月末に12兆7300億ドルにまで膨らみ、サブプライムローン問題やリーマン・ショックが引き金となって世界金融危機が起こった2008年9月末の12兆6800億ドルを上回って以来、過去最高の水準を更新し続けているのです。

世界金融危機の発端となった住宅ローンがピーク時の残高に接近しているのに加えて、自動車ローン、クレジットカードローン、学生ローンなどが増え続けていて、中間層以下の世帯では２０１４年以降、借金に借金を重ねる消費が横行しているという現状が見て取れるというわけです。

それぞれのローンのなかでも、延滞率の上昇が懸念されるのが自動車ローンです。アメリカの新車販売台数は２０１６年に過去最高を更新し、２０１７年は若干の減少をしたものの、今でも過去最高の水準で推移していることには変わりがありません。販売台数の高止まりが続いているのに従って、自動車ローンの残高は２０１５年６月末に初めて１兆ドルを突破してから、２０１７年12月末には１兆２２１０億ドルまで膨らんでいるのです。おまけに、自動車ローンのうち、約２割が相対的に信用度の低いサブプライム層向けだということを考えれば、今の４・０％程度の延滞率の上昇はもはや時間の問題であるといえるわけです。

学生ローンも延滞率の上昇が懸念されています。アメリカでは大学や大学院の学費を学生自らがローンを組んで支払うのが一般的ですが、生活費などを含めると年間で４万〜６万ドルの費用が必要となるため、債務が膨らみがちな学生が増加の一途をたどっています。そのような経緯もあり、（２０１７年12月末の）学生ローンの残高は１兆

3780億ドルにまで増加し、2008年と比べると2倍以上にも膨らんでしまっているのです。卒業後に高収入の仕事に就くことができなければ、返済が困難になるのは容易に想像がつくことであり、今の11%程度の延滞率がさらに上昇することは避けられない見通しにあるといえるでしょう。

クレジットカードローンの延滞率にも注意が必要です。原油安によってアメリカ人の実質所得が大きく伸びた2015年を起点として、消費を謳歌する国民性が戻ってきているせいか、近年の増加率は自動車ローンや学生ローンと匹敵するまでになってきているのです。(2017年12月末の)クレジットカードローンの残高は8340億ドルと他のローンの残高よりは少ないとはいうものの、今の7・5%程度の延滞率は徐々に高まっていくことが予想されるというわけです。

そのような状況のなかで、住宅ローンだけは今後の延滞率に気を揉《も》むことがなさそうです。サブプライムローン問題が世界金融危機の発端となったという反省から、住宅ローンの審査はかなり厳しくなったからです。住宅ローンの残高は2013年を底に反転し、(2017年12月末には)8兆8820億ドルと過去最高(2008年9月末の9兆2940億ドル)の水準に肉薄していますが、延滞率は1・4%程度と住宅バブル崩壊前の水準を保っているのです。

家計債務の7割近くを住宅ローンが占めているため、住宅ローンの延滞率が高まらなければ、金融危機が起こるということはありません。しかしながら、家計債務に占める自動車ローン、クレジットカードローン、学生ローンの比率が上昇傾向にあるなかで、これら3つのローンの延滞率が上昇していくことになれば、景気後退に陥るリスクとしては十分すぎるといえるでしょう。

景気後退が始まるのはいつ？

これまでの歴史が示しているとおり、家計が借金に依存しながら消費を増やし続けることができるうちは、景気は拡大基調を保つことができます。

ところが、ひとたび家計が借金に耐え切れず延滞率が上昇し始めると、消費が減少に転じることによって景気は失速するようになっていくのです。住宅バブル崩壊に伴う世界金融危機の教訓から、住宅ローンの残高はそれほど増えていないとしても、自動車ローンやクレジットカードローンなどでは、身の丈に合わない消費が何をもたらすのかという教訓がまったく生かされていなかったというわけです。

おそらくは、金利の上昇が引き金になって、家計債務の延滞率が上昇すると同時に消費が減少するというリスクが顕在化し、借金経済を回し続けることが不可能な状況になっていくでしょう。

借金で経済が回っているうちは良いのですが、返済が滞って貸し剝がしされたり、新たな融資が手控えられたりした途端に景気の減速や後退が始まることは、誰の目から見ても明らかなことです。非常に判断が難しいのは、「アメリカでいつ景気後退が始まるのか」という時期がわからないということです。たしかに、1年後や2年後の金利の動向が読めないために、2018年にアメリカの景気が後退するかどうかはわかりません。ただし、2018年に景気が後退しなければ、2019年にはいっそう景気が後退する確率が高まっていくということだけはいえるでしょう。

さらには、たとえ金利が今のように低水準にとどまっていたとしても、遅くとも2020年までには借金による景気の好循環は維持できなくなるだろうと予想しています。債務や与信の拡大にも自ずと限界があるからです。アメリカの景気後退が始まれば、中国の輸出額がもっとも落ち込み、その悪影響が日本やアジア全体の輸出額の減少に波及していくことになるでしょう。

膨張する中国の民間債務

アメリカの家計債務と同じくらい心配なのが、中国の民間債務です。中国の経済システムを述べる時には近年、地方債務や不動産バブル、資本流出などが問題としてたびたび取り上げられてきましたが、もっとも深刻に捉えるべきは、急激に膨らんでしまった民間債務の問題です。リーマン・ショック後の世界経済を下支えした新興国の多くは、高成長の過程で借金依存症に陥ってしまい、民間債務が身の丈以上に膨らんできてしまっているのです。BRICs《ブリックス》諸国などは新興国のなかで民間債務が急増している代表例といえるのですが、そのなかでも中国の民間債務が突出しているという事実は、中国の外貨準備高が世界で最も巨額であるという理由から、つい見落とされてしまう傾向があるようです。

国際決済銀行（BIS）が公表する統計に基づいて、民間債務の対GDP比率の推移をみてみると、アメリカやユーロ圏、日本などの先進国がリーマン・ショック後に民間債務を減少させてきているのに対して、BRICs諸国はおおむね右肩上がりで民間債務を増加させてきていることがわかります（図表1－2参照）。そのなかでも中国の

図表1-2　米国、ユーロ圏、日本、BRICs諸国の民間債務（対GDP比）の推移

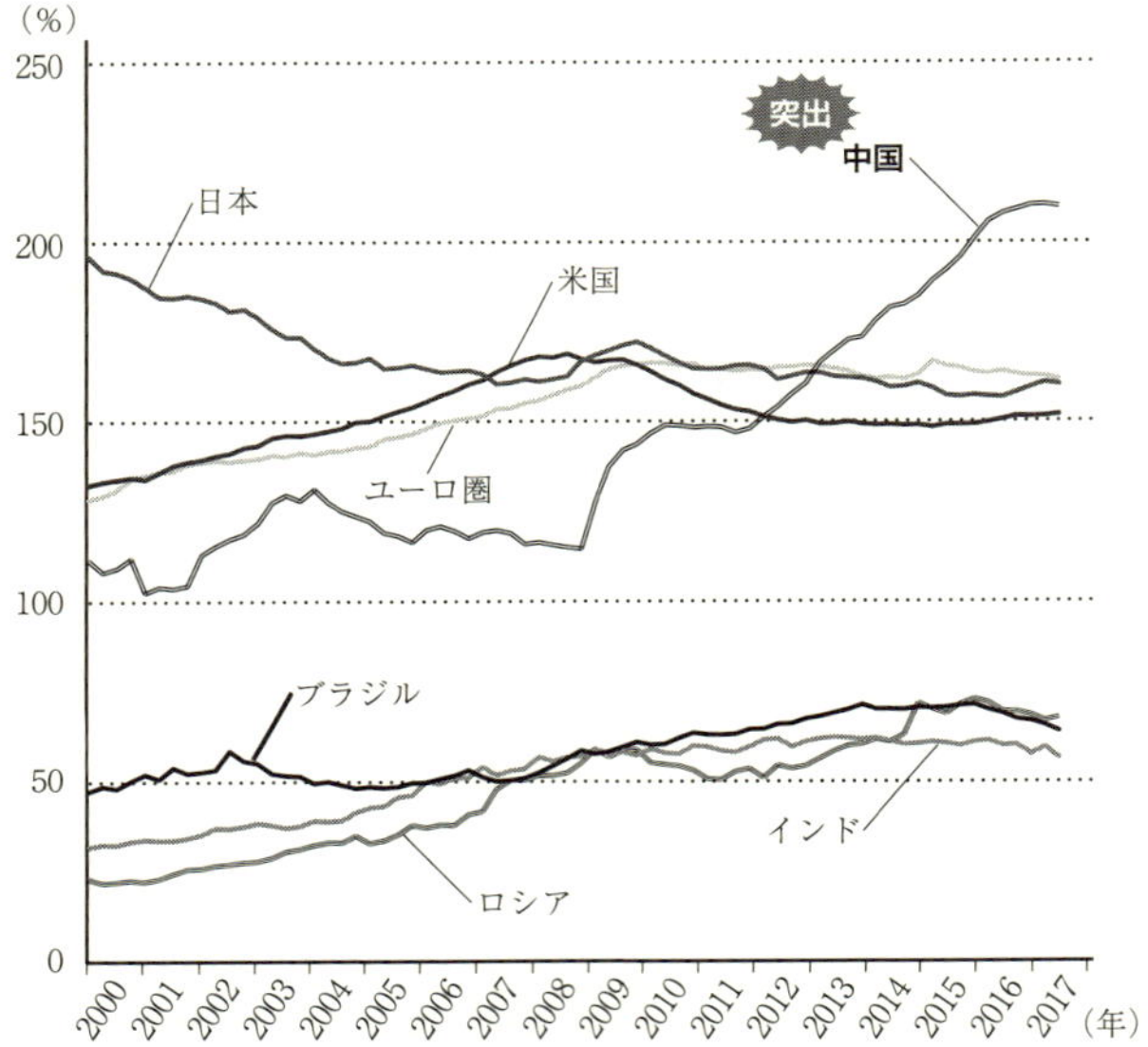

出典）国際決済銀行（BIS）

民間債務の増加ペースが群を抜いているのは、誰の目から見ても一目瞭然です。

どうしてこのようなことになったのかというと、FRBが史上空前の金融緩和を実施するなかで、ドル建て金利が低下の一途をたどっていたので、多くの中国企業は主にドル建て債務を増やしながら、大規模な設備投資や事業拡大を行ってきたのです。

歴史を振り返ってみれば、かつてバブルの崩壊を経験した国々は例外なく、民間債務が尋常ではない水準まで膨らんでいたので、中国にも注意を払う必要性は十分にあるといえるでしょう。２０１７年９月にＢＩＳが公表した統計によれば、中国の民間債務（金融機関を除く）は２０１７年３月末時点で23・４兆ドル（当時の為替相場で２５９７兆円）となり、リーマン・ショック以降、４倍増と急速に膨れ上がっています。驚くべきことに、その債務総額はＧＤＰ比で２１１％にまで高まっているということです。

民間債務の内訳は、企業債務がドル建て債務の膨張により18・３兆ドル、家計債務が住宅ローンの増加により５・１兆ドルとなっていますが、債務の８割を占める企業部門のうち、債務比率が高い不動産、鉄鋼、金属、資源などの分野では、債務不履行や法的整理への懸念が常にくすぶり続けています。

おまけに、リーマン・ショック後の中国は、ＧＤＰを１兆ドル増やすために企業部門だけで２兆ドル超の債務を増やす必要があったのですから、今の中国経済は非常に経済の効率性が悪い状況になっているといえます。したがって、経済効率を考慮に入れた人件費を計算すると、経済発展が進んでいる中国沿海部の人件費は、アメリカ国内でも人件費が安い南部をすでに上回ってしまっていると推測されているのです。

日本の民間債務はバブル末期の1989年9月末にGDP比で200％を超えた後、バブル崩壊後の1995年12月末には過去最高の221％まで増加しています。その2年後の1997年11月には、北海道拓殖銀行の破綻を契機に金融システム危機が発生し、「失われた10年」が「失われた20年」へと延びる経済状況に突入していったのです。

中国の民間債務はすでに日本の過去最高の水準に近付いてきているので、いよいよ中国も日本のバブル末期から崩壊後の経済状況に近づいてきているといえるでしょう。

借金経済の先で待ち受ける「大きな落とし穴」

いくら中国の経済にまだ勢いがあるとはいっても、多くの中国の企業が巨額の債務を抱えている今となっては、このような民間債務の膨張が5年後も10年後も持続可能なはずがありません。バブル崩壊後の日本の企業は、過剰な債務に長いあいだ苦しむことになりました。1997年に金融システム危機が起こると、銀行の貸し渋りや貸し剝がしによって倒産する企業が急増していったのです。生き残った企業は地道に債務を返済し続けるしかなく、債務を圧縮するまでにおよそ10年の時を要したというわけです。

日本のケースと同じように、中国の企業が債務の返済を優先せざるをえない状況に陥れば、投資や賃金に回ってくるお金が確実に減っていき、経済が減速の度合いを増すのは避けられないことになるでしょう。中国共産党および中国政府は、経済をハードランディングさせては独裁体制が崩壊してしまいかねないので、何としてもソフトランディングさせようと懸命になっているところです。２０１７年10月の共産党大会を経て、習近平主席は長老たちを抑え込み、権力基盤の強化に成功することができました。その成果として習主席は、目先の高い経済成長率を目指すよりも民間債務や地方債務、不動産バブルといった諸問題を解決するほうが先決だという姿勢を鮮明に打ち出しています。

その帰結としては、中国の２０１８年以降の成長率は６・５％以下まで減速する可能性が高く、日本や欧州、東南アジアなどの企業収益に与える影響は決して小さくないように思われます。とりわけ２０１７年の日本や東南アジアの企業は中国への輸出が急拡大し、業績を大幅に伸ばすことができただけに、その反動が気になります。

経済のハードランディングを避けることができたうえで最もダメージが小さいシナ

リオを選択できたとしても、民間債務を適正な水準にまで圧縮させるためには、少なくとも10年程度の期間を要することになるのではないでしょうか。はたして中国は、その長い期間を耐え忍ぶことができるのか、それは誰にもわからないことです。

私は中国が世界貿易機関（WTO）に加盟した2001年以降の世界経済を「グローバル経済」の始まりと考えていますが、その2001年以降のグローバル経済を振り返ってみると、2006〜2007年まではアメリカや欧州の借金バブルによって、世界は好景気を謳歌することができました。

ところが、アメリカや欧州の借金バブルが行き詰まることで、先進国を中心に経済危機が起こったあと、新たに世界経済を下支えするようになったのは、中国を筆頭とした新興国であったのです。ただし、先進国の中央銀行が大規模な金融緩和に踏み切るなかで長く続いた超低金利によって、新興国は企業活動の負債依存度を高めることとなり、成長率が嵩上《かさあ》げされていたという現実を見逃してはなりません。

BISの統計によれば、新興20ヵ国・地域の企業の債務総額は、2008年12月末の9兆ドルから2017年3月末には25兆ドルへと3倍近い水準に増えています。同じ期間にこれらの国・地域の名目GDPが1・5倍しか増えていないのと比べると、債務の増加率は異常であるといえるのです。

さらには、先進国の企業の債務総額が35兆ドル前後と横ばいで推移しているのと比べても、新興国企業の債務の増加が新興国の成長率を嵩上げすると同時に、非常に非効率な経済をつくりあげてしまっていることがわかります。

概して、新興国の企業の生産性は著しく悪化している事例が多くなっています。その典型例が中国企業であり、企業収益の悪化から未だに倒産が相次いでいて、経営者の夜逃げは日常の光景となっているのです。グローバル経済で競争している限り、競争力の低い企業は退場させて債務を削減するしか、経済の効率性を高めることなどできません。そういった意味では、借金依存の経済が拡大し続けることはできないというわけです。

歴史を紐解けば、先進国の景気が低迷している時は、新興国や途上国に投資資金が潤沢に流れ込むようになります。そうなれば、投資資金があり余るようになるため、新興国や途上国では銀行の融資基準が甘くなり、企業や家計は身の丈以上の借金をして設備投資や消費を活発化させる傾向が強まっていきます。このような与信バブルが新興国や途上国の経済成長を嵩上げしていたわけですが、歴史の教訓が教えるところでは、こういった借金経済には必ず大きな落とし穴が待ち受けているものです。

世界中で膨れ上がる「借金バブル」

経済を見るうえで重要なのは、メディアの雰囲気に左右されることなく、しっかりと現状の問題を直視するということです。すなわち、今後の世界経済に生じる大きな問題点は、世界のあちらこちらで債務が膨れ上がってしまっているということに起因しているのです。

実のところ、世界の公的部門・民間部門の合計債務のGDP比率も持続不可能なレベルにまで膨らみ続けてきています。国際金融協会（IIF）の調査によれば、2017年3月時点での世界の公的部門・民間部門の合計債務は217兆ドルと、サブプライム・ショックが起こった2007年に比べて1・5倍にも増えてしまっています。その増え方に連動するように、合計債務の対GDP比率は2007年には275%程度だったのですが、たった10年しか経っていない2017年には何と330%にも膨らんできてしまっているのです。

これは、新興国の企業が債務を急増させせただけでなく、先進国、新興国、途上国のいずれもが国家として債務を増やし続けているという要因も加わっています。実際に、先進主要国のなかで経済がもっとも安定しているアメリカであっても、世界金融危機の前に9兆ドルだった政府債務が、足元では過去最高の20兆ドルにまで積み上がっています。政府債務のGDP比率はこの10年間で、60％から110％まで増加することとなったのです。アメリカと同じように、日本の政府債務もこの10年間で974兆円から1307兆円にまで膨らみ、そのGDP比率は162％から230％超まで悪化するというひどい有り様です。それにもかかわらず、2018年度も30兆円を超える新規国債を発行しようというのですから、長く続いた超低金利は国家の財政悪化が進んでも低利回りでの国債発行を可能にしてしまっているというわけです。

今の世界の経済状況は、経済に過熱感はまったくないものの、後に「借金バブル」だったといわれるかもしれません。なぜなら、リーマン・ショック後の世界経済は借金バブルによって支えられてきたからです。今の長期にわたる世界経済の緩やかな景気拡大期は、借金バブルの賜物であったといえるのです。

過去の数々のバブルをもたらした主因は例外なく、異常な水準にまで膨らんだ債務の増加にあります。バブルがその限界を露《あらわ》にするのは、ある時点で借り手の収益の見通しが悪化し、貸し手が融資の拡大に歯止めをかけるようになるからです。その結果として、債務の増加が止まると同時に融資が減少してくると、経済は悪化の方向に動き出し、債務の不良債権化が表面化してくるというわけです。

財政出動は「愚者の考え」

世界各国で金融緩和の限界が指摘されるなか、政治の世界では財政出動を声高に唱える人たちが増えてきているのも気にかかります。それぞれの国々の経済にとって、債務の増加が将来のいちばんの重荷となっているにもかかわらず、「景気を浮揚するために財政出動を増やそう」などという発想は、目先のことしか考えていない愚者の考えというほかありません。

国家も企業も債務は地道に返済していくしかなく、「国家の財政再建と景気拡大の両立」や「企業の債務返済と景気拡大の両立」など、過去数百年の資本主義経済ではまったく起こりえなかったケースなのです。

日本では中国のように民間債務の心配はありませんが、国家がＧＤＰ比で２００％

をゆうに超える債務を抱えてしまっています。日本で若い世代を中心に消費が増えないのは、国民がこの国の将来――日本の社会保障制度を信用していないからです。いずれ行き詰まるだろうと考えて、老後のために貯蓄を増やす傾向をいっそう強めているというわけです。

そういった意味では、財政再建を実行しなければ、将来の景気回復はありえませんし、財政再建を先延ばしにして目先の景気にばかり配慮していれば、より悲惨な経済状況が避けられないようになってくるでしょう。そのことを、2012年に起こった欧州債務危機の教訓が見事に示しているように思われます。

蓄積する〝マグマ〟

アメリカ発の金融危機によって世界経済が2009年にマイナス成長に転落した時、世界経済を救ったのは、中国の4兆元（当時の元円相場で換算すると約55兆円）の景気対策をはじめ、その他の新興国の旺盛な設備投資や公共投資でした。つまり、アメリカの借金バブル崩壊の後始末に、新興国の民間部門、とりわけ企業部門が新たに借金をして穴埋めをしていたというわけです。

ところが今や、36ページのグラフ（図表1－2）をあらためて見てもらえばわかるように、中国やその他の新興国の民間部門がこれ以上の借金経済を続けるのが難しくなってきています。世界経済の成長を持続させるためには、新たな国々が巨額の借金をして、投資や消費を喚起する必要があるのです。

はたして、世界中の国々を見渡してみて、無理な借金をしてでも世界経済の成長を後押ししようという国はあるのでしょうか。需要が見込めないなかで設備投資や公共投資を行うことは、企業や国家としては愚かな行為というほかありません。

その典型的な実例が、中国が２００９年に行った４兆元の景気対策です。需要が伸びないなかで国有企業の多くが設備投資を増やしたために、今では供給過剰に苦しみながら赤字を出している企業が続出しているのです。こうなってしまうと、増やした設備投資を次々と削減していくしかなく、４兆元投資の大半は無駄に終わってしまったといっても過言ではないわけです。

そのような教訓が示されているなかで、トランプ政権が財政赤字を拡大させる方針を明らかにしていることから、アメリカが再び世界経済を支えてくれるのではないかと期待している人がいるかもしれません。たしかに、アメリカが財政赤字を拡大させたうえで長期金利も低く抑えることができるのであれば、私もそういった期待をある程度は持つことが可能であると思います。

しかしながら、現実にそれは難しく、やがては金利の上昇が消費の活力を弱め、財政支出の拡大効果を打ち消してしまうばかりか、アメリカの景気後退を早めてしまう可能性が高まっていくでしょう。

多くの経済の専門家たちが信頼しているIMFやOECDなどの見通しに従えば、アメリカの景気拡大は2009年7月から2019年6月を越えて続き、戦後最長の10年間を更新することになるでしょう。日本の景気拡大も2012年12月から2019年1月を越えて、アメリカと同様に戦後最長の6年1ヵ月を更新すると見られています。

しかし私たちは、ここまで述べたように、好況から不況に転じる〝マグマ〟が蓄積していることをも見逃してはいけません。アメリカの家計債務や中国の民間債務の膨張は当然のこととして、世界中で公的部門、民間部門のいずれにおいても債務の拡大が持続性に疑義が生じるほどに進んでしまっているからです。債務のレバレッジにより景気を拡大し続けるのは、歴史的に見ても絶対に不可能なことです。多くの経済の専門家たちは何ゆえに、世界経済にとって増大しているリスクを見過ごしてしまっているのでしょうか。

ですから私は、2020年前後までの世界経済を見通した時に、楽観的な見通しや明るい展望を決して持つことができません。今の世界経済に対する見通しは2006〜2007年の時に近い明るい雰囲気に包まれていて、本質的なリスクを無視するあまり、手痛いしっぺ返しを受けるだろうと感じ取っています。

詰まるところ、2019〜2020年にはアメリカが景気後退に陥る局面を迎え、その悪影響が中国や日本、アジア、欧州にも行き渡るのではないかと予測しているのです。あるいは、アメリカに関係なく中国そのものが景気低迷に苦しみ、その悪影響が日本やアジア、欧州、中東、アフリカに広がっていくことも想定しているのです。

人々の実質賃金を下げたアベノミクス

早いもので、2020年の東京オリンピックまであと2年余りとなりました。私も一人の国民として、ぜひともオリンピックは成功させてほしいと思っています。

しかし、2020年の世界経済はリーマン・ショックほどとはいわないまでも、世界的な借金バブルの反動によって世界同時不況を迎えているのではないかと予測しています。とりわけ日本経済はアメリカと中国の好景気に多大な恩恵を受けているので、その悪影響がもっとも及ぶ国のひとつである日本では、経済成長率が主要先進国のなかでいちばん落ち込むことが考えられるのです。

実際に、リーマン・ショック翌年の２００９年の成長率はマイナス６・０％にまで落ち込み、主要先進国のなかで突出して下落率が大きかったわけです。

近年、大企業の経営者が集まる催しに参加するたびに思うのは、大企業の景況感と国民の生活実感のあいだには大きな乖離《かいり》があるということです。多くの経営者が口をそろえて「とても景気がいい」「史上空前の好景気だ」という見解を述べているのですが、２０１８年の初頭にはそういった見解がことのほか強調されていたように思われます。たしかに、大企業の世界では多くの企業が収益を拡大することができているので、彼らだけを見ていると、または、彼らだけの世界で生きていると、おそらく私も「日本は好景気だ」と錯覚してしまうかもしれません。

ところが私はふだんから、経済を分析するうえで経済成長率や企業収益はその一面にすぎず、本当の意味での好況・不況の判断は国民生活の実感で決めるほうが適当であると考えています。そういった意味では、国民のおよそ8割が「景気回復を実感していない」という事実は、国が判断する景況感に重い課題を突き付けているように思われます。

産経新聞のような政権寄りのメディアであっても、日本経済新聞のような政治に中立的なメディアであっても、朝日新聞や毎日新聞のような政権批判が十八番《おはこ》のメディアであっても、世論調査においてはおおむね、景気回復を「実感している」と答えた人々が2割、「実感していない」と答えた人々が8割という結果が出ているのです。

私は2013年にアベノミクスが始まった当初から、「アベノミクスの恩恵を受けられるのは、全体の約2割の人々にすぎないだろう」とざっくりとした感覚で訴えてきましたが、その後のメディアの世論調査でもおおむねそれに近い結果が出ていたということは興味深い事実です。私がなぜ約2割の人々だといったのかというと、富裕層と大企業に勤める人々の割合が大まかにいって2割くらいになるからです。

詳しくは第5章で述べますが、アベノミクスが円安によって株価や企業収益を高めるかたわらで、輸入品の価格上昇によって人々の実質賃金を押し下げるという弊害をもたらすことは、最初からわかりきっていたのです。要するに、普通に暮らす残りの8割の人々は、未だにアベノミクスの蚊帳《かや》の外に置かれてしまっているというわけです。

置き去りにされた国民生活

私は地方へ仕事にいくたびに、その地方の景況感をいろいろな立場の方々にうかがっているのですが、2014~2017年にかけておしなべて共通していたのは、大企業に勤める人々が「景気はよくなっている」と期待していたのに対して、その他の多くの人々は「景気なんてよくなっていない」とあきらめてしまっていたということです。さらに私は、最寄り駅から講演会場などまでタクシーに乗車する機会があった時には、運転手さんに「景気はどうですか？」と必ず聞くことにしていますが、その間、誰ひとりとして「景気がいい」と答えた人はいなかったのです。東京であろうが、大阪であろうが、名古屋であろうが、返ってくる答えは一様に芳しくないものばかりでした。中国や九州などでは、不況としか思えないような答えが返ってくる有様です。正直なところ、これが日本経済の掛け値なしの実態なのです。

そのような好ましくない状況のなかで、オリンピック前後に不況が到来したらどうなってしまうのでしょうか。確実にいえるのは、富裕層と呼ばれる人々よりも普通に暮らす人々のほうが、生活水準が著しく悪化するのが避けられないということです。

これは、2008年の世界金融危機後のアメリカや欧州で顕著に見られた現象ですが、そういった現象から未だに脱却できていないからこそ、アメリカではトランプ大統領が誕生したのであり、欧州ではポピュリズムが台頭し、各国の政治が不安定になっているのです。アメリカは経済成長という視点で見れば間違いなく優等生になりますが、株主や企業の利益ばかりが優先されてきた結果、国民生活は置き去りにされてきてしまったわけです。

私は、経済成長率の数字そのものよりも、その成長率の中身のほうがはるかに大事なのではないかと考えています。そして、経済指標のなかでいちばん重きを置くべき指標は、決して経済成長率の数字そのものではなく、国民の生活水準を大きく左右する実質的な所得ではないかとも考えています。

この第1章においては、今後5年のスパンで考えた世界経済や日本経済の方向性について述べましたが、続く第2章以降においては、10年後、20年後までを見据えた、日本の経済、雇用、企業、賃金がどのようになるのかについて説明していきたいと思います。

第2章　日本経済を蝕む最大の病

——30年間放置されていた「深刻で静かなる危機」

30年前からわかっていたことなのに

日本経済が長期にわたって停滞した最大の理由には、1991年にバブル経済が崩壊し、銀行の不良債権が膨らんだことが挙げられます。しかし私は、それが最大の理由であるとは考えていません。というのも、労働者の賃金は1997年まで名目でも実質でも上昇を続けていたからです。国民生活の視点に立てば、バブルが崩壊したとはいうものの、大したダメージは受けていなかったのです。

ところが、傷が浅いうちに不良債権の問題に手を打たずに先送りをしていたために、ついには北海道拓殖銀行が破綻し、金融システム危機が起こってしまいます。これを契機にして、銀行の貸し渋りが本格化、企業の倒産が相次ぎ、賃金の下落が長期にわたって始まっていったというわけです。

日本経済の低迷が「失われた20年」と呼ばれるまでに長期化した最大の理由は、不良債権の膨張そのものではなく、政府も銀行も企業も問題の解決を先送りし、無駄に時間を浪費したということなのです。三者が揃いも揃って自らの責任を免れるために痛みを伴う解決に逃げ腰となれば、金融システム危機が起こるのも仕方がなかったことですし、その危機から脱出するのにそれ相応の年月がかかったのも、当然の帰結であるといえるでしょう。

翻って今、日本経済に新たな停滞をもたらしている主因は、人口減少を引き起こす少子高齢化、とりわけ、少子化をおいて他にありません。国勢調査は5年ごとに行われていますが、2015年に行われた国勢調査では、日本の人口は1億2709万人でした。前回の2010年の調査より96万人も減っていたのです。国立社会保障・人口問題研究所『人口統計資料集2018』によれば、日本の将来の人口は、

2020年　1億2532万人（177万人減）
2025年　1億2254万人（278万人減）
2030年　1億1912万人（342万人減）
2035年　1億1521万人（391万人減）
2040年　1億1091万人（430万人減）
2045年　1億642万人（449万人減）
2050年　1億192万人（450万人減）

というように、人口減少が年を追うごとに加速していきます。人口が減っていけば消費も減っていくので、当然のことながら、日本の経済規模は縮小していきます。このまま問題の先送りを続ければ、日本の人口は2053年には1億人の大台を下回る9924万人にまで激減することが予測されています。2018年2月1日現在、日本の人口は1億2656万人（総務省統計局「人口推計」／概算値）ですので、日本の社会は今後35年間で2732万人も〝縮む〟ことになるというわけです。

日本の人口減少がより深刻なのは、総人口の減少数に比べて生産年齢人口（15～64歳）の減少数がだいぶ多いのに加えて、高齢者人口（65歳以上）の数が25年近くも増え続けるということです。すなわち、生産年齢人口の過度な減少によって所得税・住民税の歳入が不足する傾向が強まる一方で、高齢者人口の増加が続くことで年金・医療・介護等の社会保障費が膨張していくのが避けられない見通しにあるのです。そのあおりを受けて、老朽化が進む道路やトンネル、治水や下水道、港湾、公園など社会インフラの維持管理が困難となり、とりわけ人口が少ない地域では生活が極めて不便になるという覚悟が必要になるでしょう。

まさに、日本経済を蝕《むしば》む「最大の病」ともいうべきこの少子化問題なのですが、実は少なくとも今から30年前にも、その流れを止める手立てを講じるきっかけがありました。

1989年の「1・57ショック」をご存知でしょうか。この年、合計特殊出生《しゅっしょう》率（一人の女性が生涯に出産する子ども数の推計値／後述）が前年の1・66から一気に1・57まで下落すると、過去の最低値だった丙午《ひのえうま》年（1966年）の1・58を下回ったことから、「1・57ショック」として社会で大きな問題となったのです。

こうした事態を受けて1990年、自民党の戸井田三郎厚生大臣（第一次海部俊樹内閣）が主催する「これからの家庭と子育てに関する懇談会」が取りまとめた報告書には、少子化が「深刻で静かなる危機」と表現されるとともに、次のような分析が記されています。

少子化の原因には様々なものが考えられるが、子育てに伴う種々の負担の増大が、子どもを持つことをためらわせる要因の一つとなっていると考えられることから、これらの要因を取り除くことが必要である。

また、女性の社会進出に伴い、仕事と子育ての両立のために女性の負担が増大していることから、保育サービスの充実や育児休業の普及など働く女性の支援策を早急に拡充することが重要である。

何のことはありません。当時の自民党政権はすでに「深刻で静かなる危機」の重大性を認識し、少子化の原因も保育サービスの拡充の必要性も把握していたにもかかわらず、それらの課題を30年間にわたって放置し、事ここに至ってようやく重い腰を上げて、「幼児教育の無償化」や「待機児童の解消」を打ち出しているにすぎないのです。

さらに、内閣に設けられた関係省庁連絡会議が１９９１年に作成した文書「健やかに子供を産み育てる環境づくり」を見ると、まさに今、日本経済が直面している問題をもすでに予見していたことがうかがえます。

●経済全般に対する影響

急速な人口の高齢化の下での出生率の低下は、将来的には生産年齢人口の割合の大幅な低下をもたらし、産業構造、消費市場等に少なからぬ影響を与える可能性がある。

●社会保障への影響

高齢化のスピードは予想以上に速まるとともに、高齢化率も一層高まることにより、現行の行財政制度や社会経済の諸条件を前提とする限り、社会保障の負担が一層増加することとなる。また、高齢化社会における老人介護等の保健福祉マンパワーの確保にも支障が生じる可能性がある。

●労働市場への影響

1990年代半ば以降、若年層を中心に生産年齢人口は減少に転じることが見込まれているが、出生率の低下が21世紀初頭以降の生産年齢人口の減少を加速し、労働力供給面での制約要因になることも懸念される。

少子化問題についてつぶさに調べていくと、本章の冒頭で述べた銀行の不良債権問題と同じように、先送りを繰り返してきたため、取り返しがつかない水準にまで問題の影響が拡大してきたことがわかります。

30年前の「1・57ショック」を持ち出すまでもなく、10年前にも少子化対策に本腰を入れて乗り出すきっかけはありました。2007年に発足した第一次安倍改造内閣で、はじめて少子化対策担当大臣（内閣府特命担当大臣）が設置されたのです。しか

図表2-1　出生数と合計特殊出生率の推移（1947〜2016年）

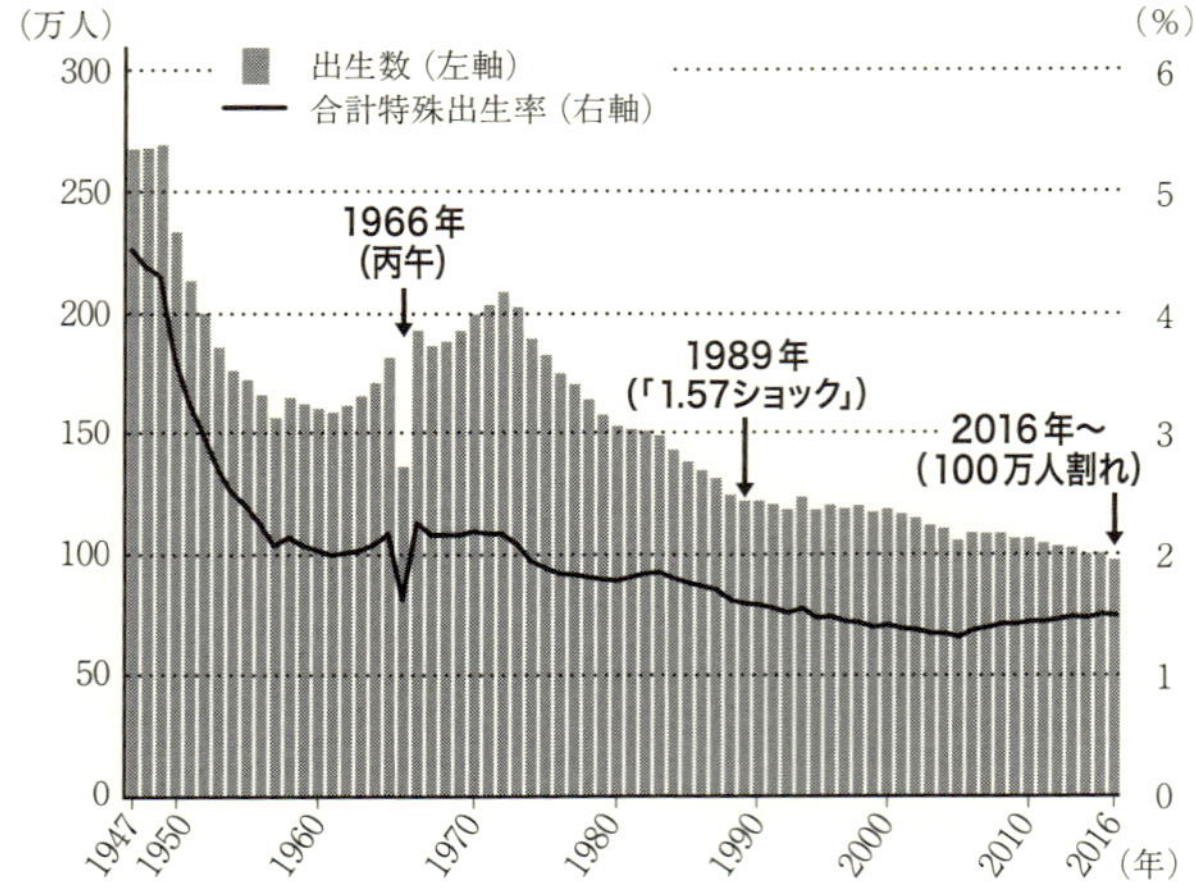

出典）厚生労働省「人口動態統計」

しその後、出生数の減少傾向に歯止めはかからず、２０１６年、２０１７年と2年連続で１００万人割れとなり、統計の残る１８９９年以降、最少記録を更新しています（図表2−1参照）。安倍首相は２０１８年１月の施政方針演説において、現在の少子高齢化を〈「国難」とも呼ぶべき危機〉と称しましたが、「国難」は今に始まったことではなく、しかもこの「国難」は自民党政治が長年にわたって少子化問題の解決を先送りしてきたことによってもたらされた「人災」でもあったのです。

今となっては、抜本的な対策を講

じることができたとしても、もはや20年後、30年後の少子化を止めることはできず、緩和するのが精一杯な状況にまで追い込まれています。

毎年、品川区や豊中市が〝消失〟している

今を遡《さかのぼ》ること約150年前——明治時代の初期、日本の人口は3500万人にも満たなかったのですが、大正時代に5000万人を超えると、昭和の高度経済成長期（1967年）には1億人を突破。今世紀に入って2008年に1億2800万人の頂点に達しました（図表2－2参照）。ところが、同年を境に減少に転じていて、2020年代の半ばには全国で唯一、人口が増え続けている東京都を含めたすべての自治体で人口が減ることになると予測されています。

もとより人口減少は、自然減（出生数が死亡数を下回る）に起因するのですが、前年比の減少数は2010年にはじめて10万人を突破した後、2011～2015年は毎年20万人台で過去最大を更新し続けて、2016年には30万人台に突入しています。自然減がさらに加速した2017年には40万人を突破する見通しですが（「平成29年 我が国の人口動態」厚生労働省）、これはたった1年間で東京都品川区（あるいは神奈川県横須

図表2-2　日本の総人口の推移（1872年〜2017年）

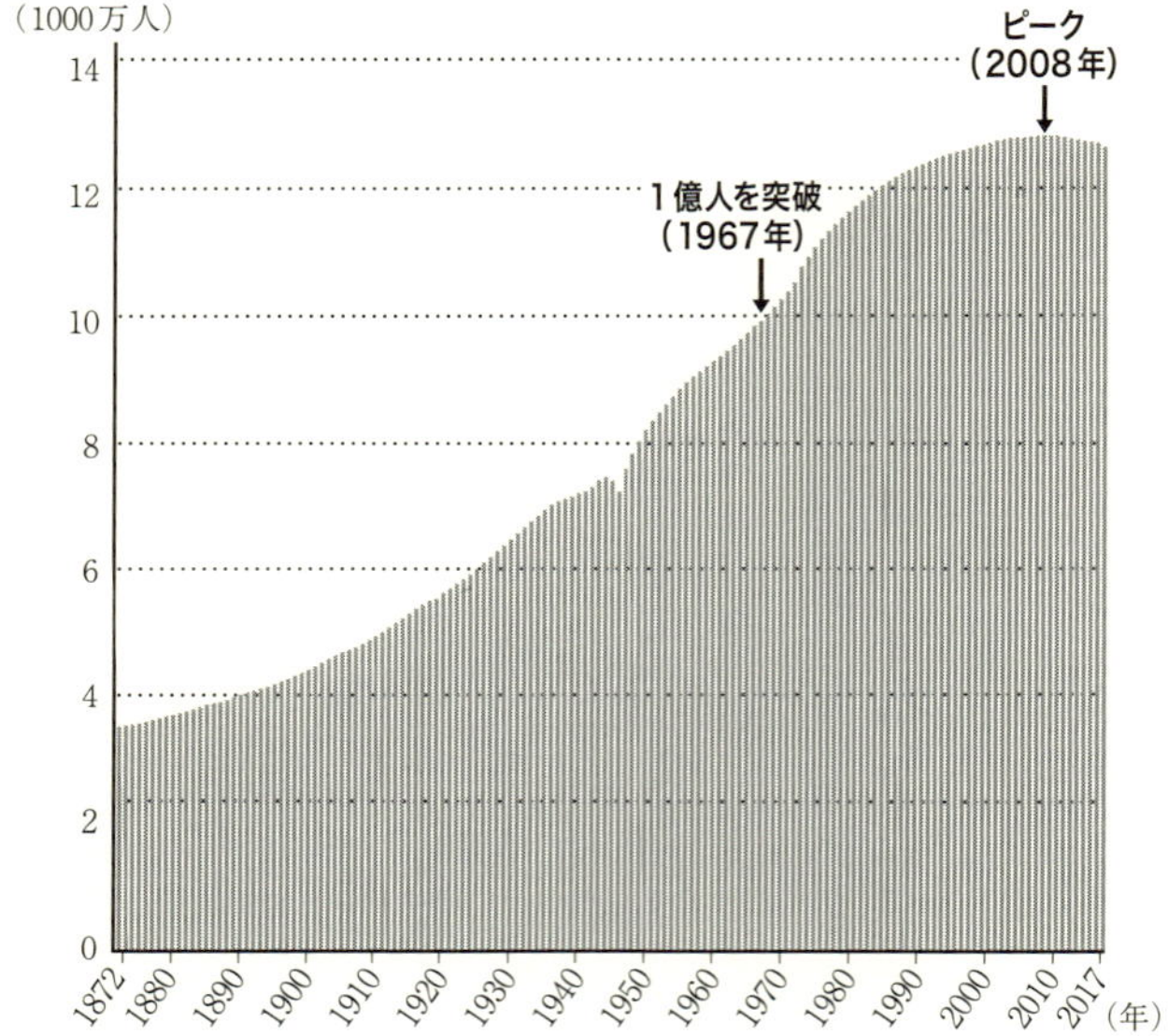

※2017年は概算値
出典）総務省統計局「人口推計」

賀市、千葉県柏市、大阪府豊中市、岐阜県岐阜市、宮崎県宮崎市など）の人口が、ほぼ丸ごと消えた計算になります。

　前掲『人口統計資料集２０１８』では、東京オリンピックから２年後の２０２２年には早くも自然減が50万人に達し、先ほど触れたように２０５３年には大台の１億人を割り込む見通しとなっています（日本の人口が９０００万人台となるのは１９

66年以来のことです)。

また、2040年から2060年までの20年間で、日本の総人口は約1808万人減ると推計されていますが、単純平均すると年間の減少数は90万人強となります。これは、現在の香川県や和歌山県といった自治体が毎年一つずつ消滅するほどのインパクトがあるわけですが、世界の歴史において、これほどまでに人口が減り続ける事態ははじめてのことです。その意味では、私たち日本人は極めて特異な時代を生きているといえます。

まさに「深刻で静かなる危機」ともいえる少子化を測るバロメーターに、合計特殊出生率(以降、「出生率」とする)という指標があります。先述の通り、一人の女性が生涯に出産する子ども数の推計値のことを指していて、現在の人口規模を維持するためには、出生率が2・00(厳密には2・07)で推移する必要があります。そもそも出生率は、終戦間もない1947年には4・54でしたが、1970年代前半の第2次ベビーブーム期に2・16になった後は、ゆるやかに低下しました。元号が昭和から平成に替わった1989年にはついに1・57に下がり、丙午の1966年の1・5

8を下回って「1・57ショック」と騒がれたことは、すでにご紹介した通りです。

しかしながら、その後も抜本的な対策が先送りされてきたために、2005年の1・26まで出生率は下がり続け、直近の2016年は1・44まで戻しているとはいえ、長年積み重ねてきた出生率の低下は、これからの日本の経済や社会に深刻な悪影響を与えることが避けられない状況にあります。

国立社会保障・人口問題研究所による人口推計は、将来の出生・死亡が中位（現在の水準前後）で推移するという仮定でなされていますが、かなりリアルな推計となっているため、10年後はもちろん、20年後の日本の姿は人口動態に基づいて相当高い精度でわかります。

そもそも経済に関する予測というのは、GDPや失業率、個人消費、平均賃金などの場合、さまざまな要素が複雑に絡み合うため、10年後ですら正確に予測するのは不可能です。しかしながら、将来人口については、予測するうえで必要になる要素がおもに出生率と平均寿命のふたつしかありません。この要素の少なさが、高い精度での予測を可能としています。そのため、今後の出生率によほど劇的な変化がない限り、将来の日本の悲惨な姿を精細に描くことができるというわけです。

「魔法の杖」は存在しない

先ほど触れたように、国内で生まれた日本人の新生児は2016年が97万6979人と、統計の残る1899年以降、はじめて節目の100万人を割り込んだのですが、翌年の2017年も94万1000人（推計値）と、2年連続で100万人を下回りました。1996年には120万6555人いたのですから、この20年間で20％以上（約26万人）減った計算になります。

出生数減少の大きな要因としては、出産適齢期に含まれる20〜30代女性の減少が挙げられます。最新の2016年のデータでは1368万7000人ですが、20年前（1996年）には1720万人もいたので、やはり20％以上（約351万人）も減っているのですが、ではなぜ、出生率はここまで激減したのでしょうか。

その要因としては、おもに次の5つがあると私は考えています。

少子化の要因①　生き方の多様化

1986年に施行された雇用機会均等法によって、女性の社会進出が進展したため、経済的に自立した女性が増え、結婚や出産を前提にする人生が当たり前ではなくなった。

少子化の要因②　経済的な制約

1997年の金融システム危機以降、労働者の賃金が伸びなくなったばかりか、じりじりと下がり続けたため、あるいは、非正規雇用の労働者が増え続けたため、結婚適齢期で十分な収入がない若い世代は結婚をためらってきた。

少子化の要因③　子育て環境の未整備

主に大都市圏の問題として、保育所などの託児施設の数が不足しているため、働きたい女性が子どもを産むのを躊躇《ちゅうちょ》してきた。

少子化の要因④　子育て費用の増大

デフレが20年以上続いていたにもかかわらず、教育費は高騰を続けてきたため、その負担の重荷から出産をしり込みする夫婦が増えてきた。

少子化の要因⑤　若い世代の東京圏への一極集中

東京圏は若者にとって就職に有利な大学や就職したいと思う企業が多いため、長期にわたって地方の若者が東京圏へと吸い上げられ続けてきた。ところが、東京圏は生活コストが高いうえに、労働時間が長い傾向があるため、若い世代の結婚率の低下、晩婚化率の上昇、出生率の低下に拍車をかけてきた。

総務省の２０１７年の人口移動状況によれば、東京圏（東京都、神奈川県、埼玉県、千葉県）の転入超過は11万９７７９人にのぼり、22年連続の転入超過となっている。その一方で、大阪圏（大阪府、京都府、兵庫県、奈良県）と名古屋圏（愛知県、岐阜県、三重県）は5年連続の転出超過であり、全国から東京圏に若者が集まっている現状が浮き彫りになっている。

こうした様々な要因が複合的に作用した結果として、50歳まで一度も結婚したことのない人の割合を示す「生涯未婚率」は１９９０年の男性5・6％、女性4・3％から、２０１５年に男性23・4％、女性14・1％まで高まり、２０３５年には男性29・0％、女性19・2％まで上昇すると推計されています。

とりわけ私が企業の経営者と話をするたびに実感しているのが、東京圏の大企業に勤める出産適齢期（20〜30代）の女性の結婚率の低さです。企業によっては50％を割り込むところも珍しくはなく、大企業に勤める女性が東京圏全体の結婚率、ひいては出生率を大幅に引き下げている可能性が高いのです。結婚率が50％とすれば、出生率を2・00にするには子どもを4人産まなければならない計算になります。

相当高いハードルではありますが、厚生労働省の「21世紀成年者縦断調査」（2016年）によれば、「子どもを2人以上持ちたい」と考える夫婦は決して少なくなく、結婚して出産したいという希望が叶《かな》った場合の出生率（「希望出生率」というそうです）は、1・80程度になるだろうと見込まれています。

これを受けて政府は出生率を1・80程度にまで回復させることを目標に掲げているのですが、残念なことに、政府がこの目標値を達成したとしても、出生数は意外なほどに増えません。すでに述べたように、出産適齢期の20〜30代の女性の減少が進んでいるため、仮に出生率が奇跡的に2・00倍程度に回復したとしても、出生数は簡単には減少傾向から抜け出せません。

つまり、日本社会は少子化がさらなる少子化を呼び起こす悪循環に陥っているわけです。もちろん、このまま何もせずに放置していたら、もっとひどいことになってしまいます。今からでも、少子化のスピードを少しでも緩めることはできるはずなので、ひとつひとつできることからやっていくしかないのです。

現状では、日本の経済社会を蝕む少子化問題にはほとんど手がつけられていないため、国民、企業、政府・地方自治体が三位一体になって、少子化への健全な危機感を共有しながら強めていく必要があります（抜本的な解決策については第6章で示します）。

ただし、繰り返しになりますが、20年後、30年後に少子化をピタリと止められるような「魔法の杖」はありません。とはいえ、たとえば出生率を1・60や1・70に上昇させたまま維持することができれば、将来の成年人口は数百万人単位で上振れさせることができます。現時点で新生児が年70万人、80万人になるといった推計に対して、今から出生率を上げることで90万人台を維持することは十分に可能でしょう。

さらには、30年後、40年後の人口構成比を変えることもできます。状況が劇的に改善するわけではありませんが、悪くなる度合いをできるだけ緩和する方法を考える必要があるわけです。

何しろ、少子化スパイラルを止めなければ、日本には極めて悲惨な未来しか待っていないのですから。

切実な税収不足と社会保障費の膨張のはて

出生率が現状の1・44のまま推移するとすれば、2065年の人口は現在より3割減の8807万7000人となるのですが、ここで注目すべきなのは、生産年齢人口（15～64歳の人口）です。なぜなら、日本の経済・社会の持続可能性を危ぶませている元凶は、経済活動の中核を担っている生産年齢人口の減少にあるからです。

生産年齢人口は1995年に8716万人でピークを迎えたあと、2015年に7628万9000人まで減少していますので、20年間で約1090万人も減った計算になりますが、今後さらに拍車がかかり、20年ごとの数字を確認すると、

2035年　6494万2000人（1135万人減）
2055年　5027万6000人（1467万人減）

にまで減少すると見られています（前掲『人口統計資料集2018』）。

モノの生産や消費だけでなく、税金を支払う生産年齢人口が減少するのに相反して、高齢者（65歳以上の人口）の数は増加し続ける見通しにあります。年金や社会保障を受ける高齢者が増えていくという現象は、深刻な税収の減少と時を同じくして社会保障費の膨張を招くことを意味しており、最初のヤマと目されているのが「２０２５年問題」です。

これは、約８００万人いるといわれる団塊世代（１９４７～１９４９年生まれ）のすべてが、２０２５年には後期高齢者（75歳以上）になり、超高齢社会が〝本番〟を迎えることを指しています。厚生労働省は、２０２５年度には介護費を含む福祉その他の費用が２０１５年度の１・２４倍、医療費が１・３７倍となり、総額も29兆円増えて１４８兆９０００億円に膨れ上がると試算しています。一般的に消費税を１％上げると税収は２兆円増えるといわれていますが、29兆円となればほぼ消費税15％分にも相当するのですから、まさに日本は「自転車操業の事態」に陥るのです。

その後、３人に１人が高齢者という社会の持続可能性が危ぶまれる水準に達する２０３６年を経て、さらに大きなヤマと見られているのが、団塊ジュニア世代（１９７１～１９７４年生まれ）がすべて高齢者となり、高齢者の数がピーク（３９３５万２０００

図表2-3　年齢区分別人口の推移（1947〜2065年）

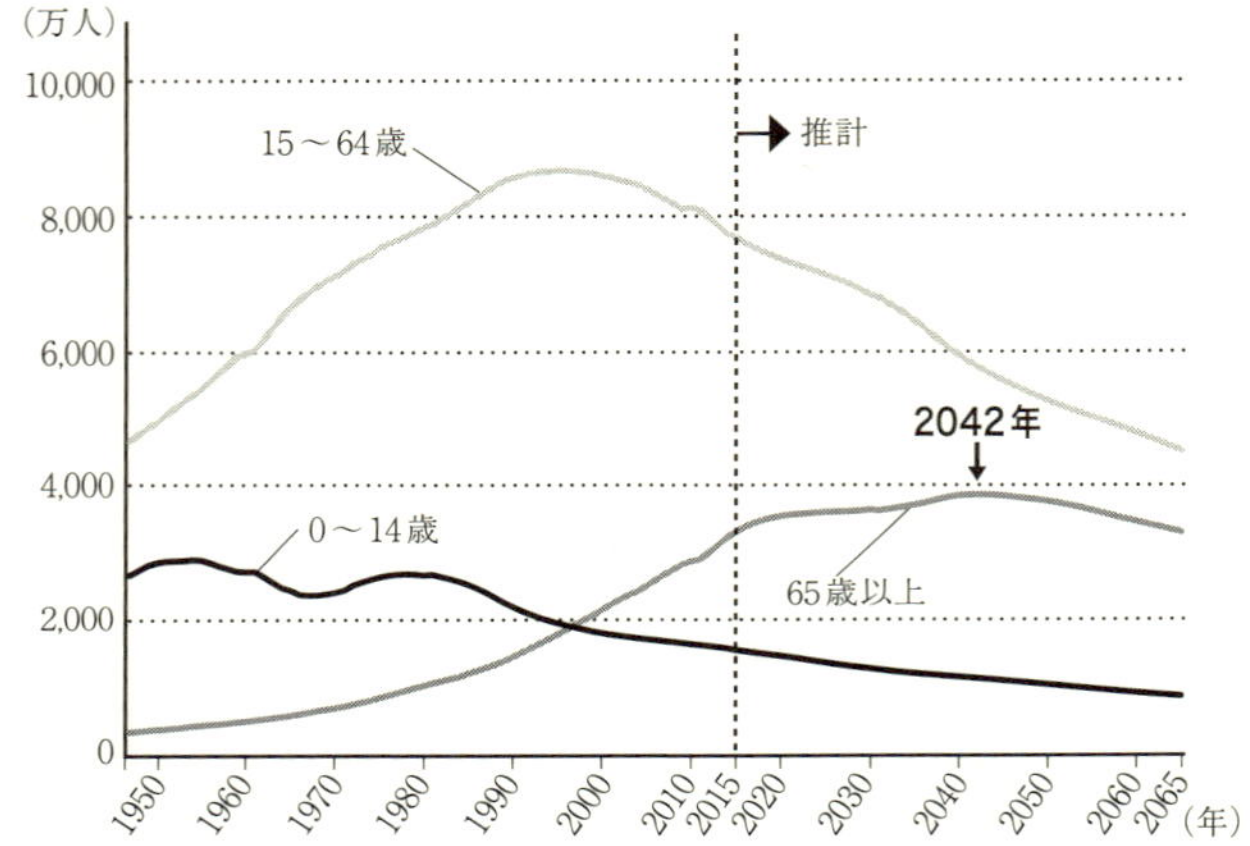

出典）総務省統計局

人）を迎える2042年です（図表2－3参照）。「2025年問題」ですら「自転車操業の事態」なのですから、高齢者の数が頂点に達する2042年には、お金がいくらあっても足りなくなるのは目に見えています。

それを防ぐためにはどうすればいいのでしょうか。いうまでもなく働く現役世代は増税や社会保険料の引き上げを余儀なくされますが、それだけで社会保障費の財源を補えるはずもなく、最終的には高齢者の年金の減額や医療費・介護費の自己負担増などで対応せざるをえなくなります（第5章で詳述します）。もちろん選挙の都合上、政治的に現役世代と高齢者の双方に大幅な激変措置を強いることは避けたいでしょうから、国民への負担は段階的に増やしていくことになるはずです。

一連の増税や社会保険料の引き上げは、経済活動の中核にあたる人々の消費を冷やし、医療費等の自己負担増は多少の病気では病院に行かない人々を増やし、やがて高齢者の貧困が今まで以上に切実な社会問題となるでしょう。

一度も結婚したことのない65歳以上の男女の急増（未婚率の上昇）や、子どもと同居しない高齢者や離婚の増加に伴い、２０４０年には高齢者世帯の40％が一人暮らしになると予測されていますが（国立社会保障・人口問題研究所「日本の世帯数の将来推計〔全国推計〕」２０１８年）、一人暮らし高齢者は経済的にも健康面でも不安定な状況に追いやられがちです。とりわけ、現役時代に自営業などに従事しリタイア後、基礎年金しか受け取れない高齢者は年金額も少なく、貧困に陥りやすくなります。介護が必要な状態となったときに家族がいなければ、全面的に社会制度に頼らざるをえなくなります。その結果、生活保護を受ける高齢者が急増し、財政は危機的な状況になる可能性が高いというわけです。

生産性革命への疑問

財政が危機的な状況に陥れば、すべての国民に対する行政サービスを大幅に削減するか、行政サービスの値上げをせざるをえません。それは何も市役所や町役場の窓口で行われるサービスにかぎらず、先述したように、道路・橋・水道などのインフラの維持にも波及します。全国にくまなく張り巡らされたインフラの現状維持は極めて難しく、補修するインフラと補修しないインフラの選別が進み、過疎の地域では暮らすことが困難になるところが多数出てきます。警察や消防の分野の機能縮小も避けられず、治安・防災の機能低下は社会不安を増幅し、安全な国である日本のイメージが覆されるかもしれません。

これだけ負のスパイラルが進むわけですから、経済規模が縮むのはもとより、社会不安が増すのは不可避な情勢です。

しかしながらここにきて、生産性を大幅に引き上げることができれば、経済規模は保つことができるという主張が目につくようになってきました。

「ＩｏＴ、ロボット、人工知能。今、世界中で「Society 5.0」に向かって、新たなイノベーションが次々と生まれています。この「生産性革命」への流れを先取りすることとなくして、日本経済の未来はありません」

安倍首相は2018年1月の施政方針演説で高らかにこう述べていますが、要するに、生産性革命を実現すれば、日本の社会はこれからも持続可能だというわけです。

しかし、生産性を上げれば経済規模を保つことができ、税収も減らないというこの考え方は、あくまで2000年以前に通用したものであり、2000年以降のイノベーションの質が過去のケースとは異なる次元にあることを考えると、むしろ国民の生活水準の悪化という副作用をもたらす可能性のほうが高いのではないかと思われます。時代遅れの今の経済学の教科書通りで考えていては、とんでもないしっぺ返しが待っていることを意識しておく必要があるでしょう。

そこで続く第3章ではまず、イノベーションや生産性革命が必ずしも成長に結びついたり、私たちを幸せにしたりするとは限らない点について、考察します。日本より一足早く、AIを備えた機器ロボットを導入することで生産性の向上を目指しているアメリカの実態を見れば、それは明らかなのです。

第3章

2020年以後の日本の雇用

——イノベーションと生産性向上が失業者を増やす

日本にも忍び寄る「アマゾン・ショック」

アメリカの小売業界では近年、大手の経営破綻や大規模な店舗閉鎖が相次いでいます。２０１７年には家電量販大手ラジオシャックや女性用衣料販売大手ザ・リミテッド、玩具販売大手トイザラスが経営破綻したのに加えて、店舗の閉鎖は小売大手シアーズが１５０店、百貨店メイシーズが１００店、衣料販売大手ギャップが３年間で２００店、スポーツ用品販売大手フィニッシュラインが２０１６〜２０２０年までに１５０店と、枚挙に暇《いとま》がありません。２０１７年に閉鎖した大手の小売店舗は実に８０００店を超えていて、２０１８年以降も大規模な店舗閉鎖の流れは変わらないだろうと見られています。

その背景には、アマゾンを中心とするインターネット通販の成長があります。ネット通販は初めのうちは書籍だけだったのですが、その後は日用品や家電製品、衣料品といった具合に取扱品目を拡大し、近年の販売額は急激に増加してきています。大手小売業の店舗はショーウィンドーと化し、実際の買い物は店舗価格より安いうえに自宅へ配送までしてくれるネットで済ませる人々が増えているのです。消費者の多くが

「ネットで買えるモノは、できるだけネットで」という姿勢に変わりつつあり、大手小売業はその店舗網を閉鎖・縮小せざるをえなくなっているというわけです。

今のアメリカでは年齢が若ければ若いほど、買い物はすべてアマゾンでするという人の割合が高まっています。リーマン・ショック後は若い人ほど賃金が伸び悩んでいるという事情もあり、ディスカウント競争が激しいネット通販の利用が支持されているのです。

大手小売業のなかにはライバルであるアマゾンの人気に擦り寄り、販売につなげる取り組みも増えています。百貨店コールズなどは店舗内にアマゾンの専門コーナーを設置し、アマゾンが販売促進に力を入れている商品を売っているほどです。アマゾンのご機嫌をとってまで生き残りを図ろうとする有り様は、小売業の不振がいかに深刻かを物語っているといえるでしょう。

いよいよアマゾンは高級食品スーパーのホールフーズ・マーケットを買収し、小売業の最後の砦《とりで》とされる生鮮食品の分野にも進出しました。一般の消費者にはホールフーズが扱う有機野菜や産地直送の魚肉類は贅沢品でありましたが、アマゾンはそれらの商品を大幅に値下げすることで、ホールフーズの敷居の高さをやすやすと下げることに成功しています。それは消費者にとってはうれしい出来事である一方で、競合するスーパーにとっては価格競争に巻き込まれ、自らの顧客を奪われるという未来を予見させるのに十分な出来事です。アマゾンは店舗を配送拠点として生鮮食品の宅配事業を拡大する計画であり、数年後には大手スーパーの苦境が浮き彫りになってくるかもしれません。

アメリカではアマゾンの業容拡大は既存の小売業を駆逐することから「アマゾン・ショック」と呼ばれていますが、日本の小売業にとっても決して対岸の火事とはいっていられません。アメリカから始まったネット通販の台頭は、日本にも確実に及んでいるからです。経済産業省の統計によれば、家電や書籍、映像音楽ソフトなどは2～3割がネットで購入されているといいます。日本ではまだ、大手小売業の破綻《はたん》や大規模な閉店という事態には至っていませんが、アマゾンは日本でもすでにネット通販で最大のシェアを握り、日本の小売業を徐々に脅かしつつある存在になってきているといえるでしょう。

アメリカのゴールドマン・サックスの試算によれば、実店舗を展開する小売業が必要とする従業員数は売上高100万ドルあたり3・5人になりますが、ネット通販はわずか0・9人で済んでしまうということです。小売売上高に占める実店舗販売のシェアが1%下落すれば、小売業全体の雇用者数は13万人も減少するというのです。

私たちはこれらの試算を見て数字的な把握をするまでもなく、たとえアマゾンなどが配送センターで雇用を増やしたとしても、実店舗で失われる雇用のほうがあまりに大きいということは直感できるはずです。経済的にいえば、アマゾンのような企業が増えれば増えるほど、経済の生産性は上がるので好ましいという解釈がされますが、それとは表裏一体で雇用が確実に減り続けていくという負の側面は見過ごされがちになっています。より少ない雇用で莫大な利益を生む企業が次々と現れれば、富裕な投資家層は株価の上昇によって大いに喜ぶことになるでしょう。しかしその一方で、世界的に失業から生活苦に陥る人々が増加の一途をたどり、格差の拡大が進むという事態も避けられなくなるでしょう。

アメリカを追うように日本でも遅かれ早かれ、大手の家電量販店や衣料品チェーン、ドラッグストア、スーパーなどがネット通販の攻勢にさらされ、店舗網の大規模な縮小に舵《かじ》を切らざるをえないのは、想像に難くありません。日本の小売業（卸売業含む）に従事する労働者は1075万人（2017年平均、独立法人労働政策研究・研修機構）といわれていますが、仮にネット通販がその5分の1にあたる215万人の雇用を奪ったとしても、それは決して驚くべきことではありません。

なぜなら、これからの時代はＡＩがＩＴや機械（ロボット）と結びつくことによって、小売業や製造業だけでなく、あらゆる業種の雇用を奪っていくことになるからです。ＡＩが奪う膨大な雇用に比べれば、ネット通販の奪う雇用など些《さ》細《さい》な人数にすぎないのです。

工場では人が不要になる

小売りの世界でインターネットの発達がアマゾンなどのＩＴ企業を台頭させると同時に雇用を脅かし始めていますが、製造業の世界では今後10～20年先を見据えて、ＡＩを備えた機械を導入することで、生産性を飛躍的に向上させる新しいモノづくりを目指しています。

目下のところ、世界の大手製造業は試行錯誤を繰り返しながら、新しい工場での実験に取り組んでいます。具体的にどういった取り組みがなされているのかというと、各工場で生産する製品の素材や部品が近づくと、ＡＩを備えた機械がＩＣチップの情報を読み取って必要な工程を指示し、生産設備を最適のラインに組み替えようとするのです。工場のラインに人がいなくても、コンピュータでつながった機械同士が〝会話〟をして、その時々の最適な生産ラインをつくりだすというわけです。

たとえば、自動車の製造工場の場合は、次のようなイメージで捉えてみるといいでしょう。車体の骨格を溶接しているロボット同士が「お互いこう動いたほうが、組み立て時間をもっと短縮できるよね」と会話して実行に移している。塗装するロボットが他の工場からデータを取り寄せ、「こうすればより美しい塗装になる」と学習している。ラインを管理するコンピュータが「こういう工程に改善すれば、消費電力がより少なくなる」と全ロボットに指示を出している。こうした、各々の工場から集まる膨大な情報をもとに、AIを備えた機械が新しいアイデアをひねり出し、できるだけ速く、できるだけ安く製造する工程を考えて提案し続けているのです。その結果として、生産性が加速度的に高まっていき、競争力を大幅に引き上げることができるというわけです。

このような背景には、ゼネラル・エレクトリック（GE）のジェフリー・イメルトCEO（当時）が2010年時点で産業分野でのインターネットの活用に着手したという戦略があります。航空機エンジンや医療機器に通信機能付きセンサーを組み込むことで、インターネット経由で収集した膨大なデータ（ビッグデータ）をＡＩが解析し、製品が壊れる直前に修理する究極のアフターサービスを確立したうえに、製品の開発・改良にかける時間を削減することで生産性の引き上げにも成功していたのです。

こうしたＧＥの動きが、世界の製造業および製造業大国を大いに刺激しました。既存の製造業が生き残るためにはパラダイムを変えるしかないと、大胆な戦略や発想の転換に踏み切らせることとなっています（ＧＥの２０１７年12月期の決算は赤字に転落していますが、全7事業部門のうち業績が好調なのは、ＡＩを活用した航空機エンジンと医療機器の2事業のみとなっています）。

ドイツでは第４次産業革命を意味する「インダストリー4.0」を推進し、２０２０年代半ばまでに製造業の生産性を２０１５年と比べて5割前後引き上げるという目標を掲げています。最適な生産ライン同士がグローバルにつながれば、競争力は飛躍的に高まるはずだと考えているのです。たしかに、この試みが本当に実現すれば、「第４次産業革命」といってよいほどの偉大な業績となるかもしれません。

18世紀以降の綿織物工場に始まる、蒸気機関の登場による製造工程の機械化を「第

1次産業革命」とし、20世紀以降の内燃機関と電気による大量生産時代が「第2次産業革命」、1980年代以降のコンピュータによる自動化の進展を「第3次産業革命」と考えれば、第4次産業革命とは、AIを備えた自動化工場が業種を超えてネットワーク化され、国家として立地競争力を張り合う時代と考えることができるでしょう。

ロボットの導入が本格化し始めた中国でも、政府内では2025年までに製造業を知能化させる「中国製造2025」という計画を進めているところです。汎用品に強い中国の製造業をさらに高度化させて、現在の「製造業大国」から将来は「製造業強国」に移行するシナリオを描いているようです。中国の企業経営者は近年、人件費の高騰に頭を悩ませてきたので、この計画はまさに渡りに船であるといえます。

というのも、工場の働き手の中心を担っているのは、経済が急速に発展するなかで何不自由なく育った20~30代の若者だからです。賃上げやその他の要求が多い若者に比べれば、ロボットのほうがはるかに管理は簡単なのです。政府も企業にロボットの導入を多額の補助金で支援しているので、自動化工場の流れは他の国々よりも早まっていく可能性が高いと思われます。

今の世界の趨勢《すうせい》は、AIによって自動化された工場が増え続けていくということです。各国が製造業の生産性をいっそう高めるために、できるかぎり雇用を必要としない工場が模範とされる時代に入ってきたのです。おそらく10年後には、大企業の一部の工場では完全自動化が現実になるでしょうし、この流れに早く対応できなかった国々は製造業では負け組になってしまうでしょう。

ただし、本質的に見逃してはいけないのは、工場の完全自動化が生産性を高める最大の要因が、人件費を必要としない点にあるということです。アメリカではすべての労働者のうち10・3％、ドイツでは19・3％、日本では16・7％、中国では28・7％が工場労働者（製造業）であるといわれていますが（独立行政法人労働政策研究・研修機構『データブック国際労働比較 2017年版』／中国のみ2016年版）、少なくともこれら4カ国の大手製造業では特殊なケースを除いて、大方の工場労働者が必要とされなくなるトレンドは不可逆的であるといえるでしょう。

銀行・生保・損保業界は人員削減

ＡＩが大きな注目を集めている背景には、コンピュータの性能が急速に発達したこと、インターネットの普及で膨大なビッグデータが取得しやすくなったこと、深層学習（ディープ・ラーニング）などコンピュータの学習方法が飛躍的に進化したこと、などがあります。ＡＩは膨大な資料やデータを読み込み、分析や学習を繰り返しながら、日々進化を遂げています。非常に複雑な計算もあっという間にこなすことができます。それゆえにＡＩは、企業の活動はもちろん、私たちの雇用の在り方そのものを大きく変えてしまう可能性を秘めているのです。

製造業の現場で自動化された工場のほかにも、ＡＩはすでに様々な分野で活用され始めています。ＡＩがとりわけ効率化を促すのは、事務などの単純作業の分野においてです。工場での作業を効率化するために、ロボットの導入が加速化しているのと同じように、日本企業のオフィスでも、作業を自動化するソフトの利用が広がり始めています。

パソコンを使ったデータ入力などの繰り返し作業を担うのが、「ロボティック・プロセス・オートメーション（ＲＰＡ）」と呼ばれるソフトで、通称「ロボット」と呼ばれています。たとえば、様々なデータをインターネットなどから拾って集計・グラフ化するという反復作業がありますが、あらかじめロボットに作業の手順を覚えさせておけば、人が犯しがちなミスを防ぐことができ、作業速度は10倍、20倍といった具合に格段に速くなるのです。

金融業や保険業ではとくに、ＡＩが活躍できる余地が大きいといえます。メガバンクのなかには、すでに窓口の業務において、ＡＩが来店客との会話の内容を分析し、適切な受け答えをするロボットを導入しているところもあります。銀行や保険会社のコールセンター業務においても、ＡＩが顧客との会話を分析しながら、最適な回答を探し出すオペレーター支援システムが導入され始めているのです。顧客からの問い合わせ内容に応じて、ＡＩは過去に学習した数万件の回答事例から最適な答えを瞬時に導き出すため、オペレーターは分厚いマニュアルを調べる必要がなくなり、従来よりも短時間で対応できるうえに、顧客の満足度も上げられるというわけです。

金融業におけるＡＩの積極的な活用は、窓口やコールセンターといった業務だけでなく、与信や融資に関する業務、振り込み確認、クレジットカードの不正検知など、多岐にわたって進んでいくことが確実な情勢にあります。たとえば、金融業の中核業務である与信や融資においては、これまで従業員がその金額によって数時間から数日かけて審査していましたが、ＡＩがビッグデータを分析すれば１秒以内で判断することができるので、審査時間を極端というべきレベルまで短縮することが可能となります。金融業ではＡＩの導入が加速することによって、生産性を大いに高めると同時に、大幅な人員削減を進めることができるというわけです。

ＡＩによる与信や融資で先行する、中国のＩＴ大手アリババのグループ銀行では、個人商店の運転資金の融資はすべてスマートフォンで完結する仕組みとなっています。スマートフォンから融資の申請をするのに必要な時間は数分程度、ＡＩが融資の審査や融資可能額を１秒もかけずに判断し、審査が通った場合は希望融資額が電子決済サービス「アリペイ」の口座に数分で振り込まれるというのです。

アリペイとは中国の人々の90％超があらゆる消費に使っているスマートフォン経由の電子決済サービスのひとつで、ＡＩが融資判断に用いているのはアリペイから得られる膨大な決済データです。膨大なビッグデータから１０００以上の予測モデルを解析し、資金回収の確率を民間銀行よりも大幅に引き上げることに成功しているのです。

日本の金融機関では人員削減のために、ＡＩが他の業界に比べて積極的に使われていくことになるでしょう。現に、みずほフィナンシャルグループは２０２４年度末までに傘下の銀行５００店舗のうち１００店舗を削減し、２０２６年度末までに１万９０００人の人員を削減すると発表しています。三菱ＵＦＪ銀行は２０２３年度末までに516店舗のうち最大100店舗を自動化し、6000人の人員を削減するといいます。三井住友フィナンシャルグループも2019年度末までに銀行の全店舗で自動化を推進し、4000人分の業務量を削減するといいます。

日本の金融機関は欧米の金融機関に比べて人件費などのコストが高く、生産性の改善が課題となっているといわれて久しいですが、これからはAIを搭載したコンピュータやロボットが生産性を大幅に引き上げるのとは裏腹に、賃金が高い金融機関の雇用を破壊していくという趨勢が避けられないでしょう。

金融機関と同じく、保険会社も人員削減の余地が大きいといえます。最近のアメリカでは、AIを活用して人手を必要としない保険会社の起業が増えています。生命保険にしても自動車保険にしても、加入手続きから保険金の支払いまで、スマートフォンのアプリを通したやり取りだけで完結するというサービスが広がり始めているのです。AIやビッグデータを駆使することで、保険料の見積もりや保険金の支払いを迅速にするというのが最大のメリットであり、スマートフォンで簡単な質問に答えるだけで数分のうちに保険に加入できるという手軽さがことのほか受けています。賃金が伸びていない若い世代を中心に、人件費などのコストを徹底的に抑えた割安な保険商品への人気度は高まっているということです。

それればかりか、顔を見れば寿命がわかるという技術を開発したベンチャー企業まで現れています。機械学習を重ねたＡＩがたった１枚の顔写真から、性別や年齢、かかりやすい病名、寿命までを割り出すことができるというのです。アメリカではすでにこのベンチャー企業のサービスを使い、顔写真から生命保険料の大まかな見積もりをする生命保険会社があるといいます。

また、別のベンチャー企業では、ＡＩが初期診断と健康管理を行い病気を防ぐというサービスを開発し、そのサービスの導入を考えている生命保険会社もあるといいます。これらの事例が示すように、ＡＩの技術力でコストを抑えることによって、保険料を大幅に下げることができれば、より多くの人が保険に加入できるようになるでしょう。

そのうえ、ＡＩは手間がかかる自動車保険の保険金の支払い手続きでも活躍しています。スマートフォンのアプリで事故現場の写真を送信すると、保険金の支払額の見積もりが数分でできてしまうというのです。従来は１ヵ月程度かかっていた保険金の支払いが、１週間以内で完了できるまでになったといいます。

アメリカの大手の保険会社でも、新しく起業した保険会社の手法やベンチャー企業の技術を貪欲《どんよく》に取り入れて、できるかぎりすべての業務を簡素化して、コスト削減につなげる取り組みを進め始めています。これからの保険会社の経営目標は、店頭の窓口や保険の勧誘、対面の手続きなどをできるだけ省き、業務にかかる人件費を抑えることになってくるでしょう。

日本の保険会社では今のところ、ＡＩの利用は単純な事務作業やコールセンター業務の一部にとどまっていますが、遅かれ早かれアメリカでの流れが日本にも波及し、ＡＩやビッグデータ分析を駆使して業務を効率化し、保険料を下げていくという方向性が固まっていきそうです。保険料が下がる消費者にとっては好ましいことかもしれませんが、賃金が高い部類の雇用があまり必要なくなるという副作用は決して無視してはいけないでしょう。

変わる流通業と小売業の現場

ＡＩを活用した自動化は工場やオフィスだけにとどまらず、荷物の仕分けやレジ係といった仕事にまで及んできています。国内外にかかわらず、従来の物流センターでの倉庫では、商品ごとに容器の大きさや形状が異なっていて、これまでは機械の自動化による均一的な仕分けが難しかったのですが、商品や容器の違いを認識できるAＩの誕生によって、機械による効果的な仕分けができるようになりました。たとえ巨大な倉庫であっても、顧客の注文に応じて商品が自動的に箱詰め作業をする従業員の手元に運ばれてくるようになったのです。

そのおかげもあり、従業員は倉庫のなかを歩き回る必要がなくなり、倉庫の大きさによって作業量が4〜6割程度に減ったといいます。それは、同じ人員で1・7〜2・5倍程度の商品を出荷できるということなので、これからもAＩを導入する倉庫が増え続けていくでしょう。

レジの無人化で最先端を走っているのは、紛れもなく中国です。中国の多くの小売店では、来店客が店内で取った商品をAＩがカメラを通して認識し、レジではスマートフォンの電子決済を利用するという仕組みが導入されています。より新しい技術が入っている小売店では、店出口のカメラが顔認証をするだけで自動的に電子決済できるというシステムを導入しているところもあるくらいです。アリペイやウィーチャットペイなどの電子決済システムが浸透している中国では、小売店の無人化は他の国々よりもハードルがかなり低くなっています。顧客がレジに並ぶ時間やストレスがなくなるだけでなく、小売店も偽札を受け取るリスクが回避できるというメリットが大きいからです。

アメリカでは、アマゾンがレジを無人化する「アマゾン・ゴー」というコンビニを2018年1月に開業しました。来店客は入り口のゲートでスマートフォンをかざして入店し、その後は店内で商品を選ぶだけで、店を出るとスマートフォンにレシートが送信されてくるというシステムで運用されています。

日本でもJR東日本が無人店舗の実証実験を始めています。来店客は入り口でSuica（スイカ）をかざして入店し、買い物が終わり出口まで来るとSuicaで支払うというものです。アマゾンにしても、JR東日本にしても、レジ無人化の仕組みそのものは中国のそれとあまり違いがなく、小売店の無人化の流れは着実に世界に広がっていくことになるでしょう。

ホテルのサービス係や介護の現場でさえ、AIによる自動化が進む見通しにあります。日本の旅行代理店エイチ・アイ・エスでは世界に先駆けて、グループ傘下の「変なホテル」において、AIを搭載したロボットが接客や雑用の大半を行っています。

入室の手続きや床・窓などの清掃をすべてロボットに任せることで、通常の人員の4分の1程度でホテルが運営できているといいます。

ロボットによる接客は三ツ星以下のホテルには向いているといい、顧客の多くは手続きが迅速だと評価する人が多いということです。非常時の対応には従業員が不可欠なため最低限の人員を配置する必要がありますが、それでも他のホテルより人件費が大幅に圧縮できているので、利益率は非常に高いということが明らかになっています。これから先、ロボットを導入するホテルや旅館が増えていくのは、もはや時間の問題であるように考えられます。

重労働で働き手から敬遠されがちな介護の現場でも、AIやロボットが活躍の場を広げていきそうです。超音波センサーで高齢者の排尿が近いことをスマートフォンに知らせる機器、就寝中の高齢者の呼吸の状態を計測するセンサー付きのエアコン、歩行や移動を自立支援する取り付け型のロボット、機械学習を繰り返す自走式の掃除ロボットなど、介護の現場で使う機械では日本企業の技術力が最も先行しているといえます。少子高齢化が最も進んでいる日本だからこそ、いかに少ない人員で高齢者を守るかという悩みから、介護の現場を助ける新しい技術が次々と生まれてきているのです。生産性が著しく低いといわれる介護の業界でも、AIとロボットの技術を組み合わせることによって、その生産性を劇的に引き上げることは十分に可能です。そんなに遠くない将来には、何でも人手に頼っている介護の現場が大きく様変わりしている光景が目に浮かんできます。

日本経済新聞とフィナンシャル・タイムズの共同調査研究によれば、人が携わる約2000種類の業務のうち、3割程度はAIやロボットへの置き換えが可能であるといいます。日本に限れば、実に5割超の業務が置き換えできるというのです。その他の様々な調査研究でも、単純作業に従事する労働力は自動化によって5割減らせる、あるいは6割減らせる、あるいは7割減らせるといった分析がなされています。

結果的にどの調査研究が正しい数字に近いのか、それは誰にもわからないことです。ただ確実にいえるのは、これから10年後、20年後の大きな時代の流れでは、AIの普及はブルーカラーの仕事だけでなく、ホワイトカラーやサービス業の仕事をも大いに奪っていくということなのです。

高度な専門職ほどAIのほうが向いている

ＡＩが関わるのは頭脳の領域であることを考えると、たとえ高度で専門的な知見を持つ職業であったとしても、将来がずっと安泰で保証されるということはありえません。その専門的な仕事の代表格が、弁護士や公認会計士、弁理士、税理士、司法書士、行政書士などの、いわゆる「士業《サムライ》」と呼ばれる職種の人たちです。ＡＩはすでに極めて高度な知力を有しているうえに、なお日々の学習によって進化を続けているので、職業的なエリートといわれる士業の業務であっても、ＡＩの普及によってその大半が代替可能になっていくのは避けられない流れにあるのです。

弁護士は一部のエリートにしか手の届かない高度な専門職でありますが、その主たる業務である裁判についても、ＡＩが相当の割合で代替できるということがわかってきています。裁判に関する学習を重ねてきたＡＩであれば、過去の膨大な判例をすべて記憶しているので、これまで人が相応の時間を割いて調べていた判例を瞬時に見つけ出すことができるのです。ＡＩは余計な感情に左右されることもなく、迅速かつ正確に裁判における戦術を構築し、最善の結果を導き出すための判断ができるというわけです。

これまでの裁判の過程で費やされていた多くの時間がＡＩの導入によって節約でき

るとなれば、弁護士の仕事の生産性そのものは大幅に引き上げることができるでしょう。しかしその一方で、多くの弁護士が不要になるという事態は想定しておかねばなりません。

公認会計士も高度な専門職ですが、弁護士以上にその業務は定型化されているため、ＡＩの大いなる脅威に、より晒《さら》されているといえます。公認会計士が最もやってはいけないのは、企業の不正会計を見逃してしまうということです。ところが、東芝の不正会計が２０１５年に発覚するまで、有名な大手監査法人はその不正を6年間も見抜くことができなかったといいます。ＡＩは膨大な資料やデータを読み込み、日々分析と学習を重ねているので、人では見抜けない間違いや不正などにも気づくといわれています。ＡＩが東芝の担当をしていれば不正会計は見破られたのではないかという話ですから、公認会計士の業務の大半がＡＩに置き換わっていくのは避けられない見通しにあります。実際に、多くの公認会計士が「10年後にはＡＩに仕事を奪われているかもしれない」と、戦々恐々としているということです。

弁理士、税理士、司法書士、行政書士といった専門職にも、弁護士や公認会計士と同様のことがいえます。これまでの弁理士であれば、特許に関する調査や申請といった業務を淡々とこなしていくことで、将来の仕事がなくなるなどと心配をする必要はありませんでした。税理士であれば、企業・事業主の決算や税務相談を冷静にこなしていくことで、それなりの役割を果たし続けることができました。

しかしながら、将来的にはＡＩが業務の大半を代替できるようになるため、専門職の人たちの経営環境は激変していき、10年後には今の仕事の半分以上はなくなっているかもしれないのです。高度なスキルによって今まで東京の一等地で成功を収めてきた人ほど、そういった危機感や悲愴感を持ちながら、生き残りの方策を探ろうと試行錯誤を繰り返しているといいます。

裁判にしても、会計監査にしても、特許の出願にしても、人の頭脳をはるかに凌駕《りょうが》するＡＩが瞬間的に答えを出してくれる時代が着々と近づいてきています。そこで必要になるのは、ＡＩの判断を最終的に確認する役割を担う一部の人たちだけになっていくでしょう。弁護士ならば裁判によって傷ついた依頼人の心のケアといったＡＩにはできない領域に活路を見出すなど、弁理士ならば顧客の発明をさらに価値あるものにするために知恵を絞るなど、士業の人たちは新たに生き残る道を模索していかざるをえなくなるのです。

これまで「先生」と呼ばれてきた、弁護士や公認会計士をはじめとする士業の人たちですが、ＡＩの普及が本格化していく時代では生き残ることができるスキルがなければ、「先生」と呼ばれなくなるどころか、仕事そのものを失ってしまう可能性が高いというわけです。

最強エリート・医師を襲う淘汰の波

日本は毎年、人口減少が着々と進んでいくものの、高齢者数は２０４２年まで増え続けていく見通しにあるので、さすがに最強のエリートである医師はこれからもずっと安泰だろうと考える人々が多いようです。しかし、ＡＩやロボットの進化の度合いを考慮すると、早ければ10年後、遅くても20年後の世界では、医師も淘汰の波に抗《あらが》うことはできそうもありません。

なぜならば、ＡＩやロボットが医師の仕事の８割程度は代替できることが、実証実験などで明らかになってきているからです。医師の主な業務である患者の診断、薬の処方、手術などをＡＩやロボットが担うという趨勢は、不可逆的なものとなっていくことでしょう。

アメリカの医療現場でのＡＩの実証実験においては、患者の症状や個人データ（年齢、性別、体重、居住地、職業、喫煙の有無など）を入力すれば、ＡＩが膨大なデータを瞬く間に分析して、病名を特定したり、適切な治療方法を割り出したりすることができるといいます。ＡＩは与えられたデータのみから患者を冷静に診断するため、人ならではの先入観や勘違いに起因する誤診をなくすことができ、すでに経験が豊富な医師よりも高い実績を残し始めているといいます。当然のことながら、正確な診断に基づいて、薬の処方も適切にできることが確認されています。

手術の分野でも、アメリカのインテュイティブ・サージカル社が開発した手術支援ロボット「ダヴィンチ」がその性能の高さから注目されています。従来、困難な手術は高い技量を持った医師に依存せざるをえませんでしたが、さすがにミリ単位の精密さが求められる手術では、いくら医師の技量が高いといっても限界がありました。

ところが、ダヴィンチを使えば人ではできない精緻《せいち》で複雑な動きができるため、経験が浅い医師でも短期間の練習によって困難な手術をこなすことができるようになるそうです。さらに私は、ダヴィンチやそれに類するロボットがＡＩやＶＲ（バーチャル・リアリティ）の技術力を取り入れることによって、いっそうの進化を遂げるのではないかと推測しています。

２０２０年代後半以後の医療では、膨大な遺伝情報を学習したＡＩが患者の遺伝情報を細かく解析し、個人レベルで最も適した治療や投薬を決めるという方法が当たり前になっているでしょう。そのうえで重要な役割を果たすのが、「薬」と「医療機器」のふたつの要素です。

まず「薬」に関しては、今のところ新薬をひとつ開発するためには、１０００億円以上の費用と10年以上の期間が必要であるのが常識となっています。ところが、ＡＩの急速な発達が創薬の分野でも力を発揮するようになり、大幅な費用圧縮と時間短縮を可能にすることが徐々にわかってきています。その甲斐《かい》あって、様々な新薬が生まれる確率が格段にアップするだろうと期待されているのです。

たとえば、10～20年後のがんの治療を見通した場合、ＡＩによって患者の遺伝情報を読み解き、異常な遺伝子を新薬で修復することでがんを簡単に治癒できるという方法が主流になっているでしょう。がん細胞が増殖する原因となる遺伝子を突き止めて、それを正しい状態に戻す新薬を投与するという治療方法が一般的となっているわけです。自明のことですが、この治療方法はがんに限らず、あらゆる病気に対応することを想定しています。からだへの負担が大きい手術には頼らずに、できるだけ薬で治そうとする未来の医療は、患者にとっては非常にありがたいことであるといえるでしょう。

次に「医療機器」に関しては、患者の病状に有効な新薬が見当たらない場合は、広範にわたって新しいタイプの医療機器が活躍する余地が大きいといえそうです。たとえば、未来の手術室では今より進化した手術支援ロボットに対して、ＡＩが手術の手順を注意点も含めて詳細にナビゲートしたうえで、ＶＲが患者の体内を可視化して１ミリ以下のがんも逃さない技術を提供するという光景がありふれたものとなっているでしょう。ダヴィンチは価格や維持費が高いため、導入しても採算が合わない病院が多かったのですが、今後10年以内に手術支援ロボットの低価格競争が起こり、ロボットを使う手術は広く普及が進むと見られているのです。

前述の通り、日本の高齢者数は２０４２年でピークを迎えるのですが、それ以降はそれまでの増加ペースを上回るかたちで急激に減少していきます。加えて、ＡＩやロボットが医師の仕事を奪っていけば、医師の供給過剰は予想以上に深刻になっていくはずです。厚生労働省のある有識者検討会では、「２０３５年までに医療の需要は減少する」「2040年には1・8万〜4・1万人の医師が過剰になる」という推計をまとめていますが、これはあくまで人口動態の推移だけを考慮に入れた推計であり、技術革新をまったく無視しているという問題点を孕《はら》んでいます。

早ければ2020年代後半、遅くともいまから20年後には、AIやロボットが医師の仕事の8割程度を代替することができるようになります。その結果として、医師の主な役割はAIの判断を最終的に正しいか確認することになるので、必要とされる医師の数が劇的に減るのは避けられない情勢にあるというわけです。

労働力人口が減少しても、雇用が悪化する理由

新しく価値あるモノはその普及期に入ると、爆発的な伸びを見せながら広まっていきます。たとえば、スマートフォンは2007年に誕生してから10年あまりが経ちましたが、その先駆けとなったアップル社のiPhoneは最初の5年間の販売台数が平均して前年比2倍超に伸びていたのです（図表3－1参照）。

私が思うに、AIの黎明《れいめい》期が2017年であるとすれば、AIやAIを搭載したロボットを導入する大企業の数は、2018〜2022年の5年間で前年比2倍のペー

図表3-1　iPhoneの販売台数の推移（2007～2017年）

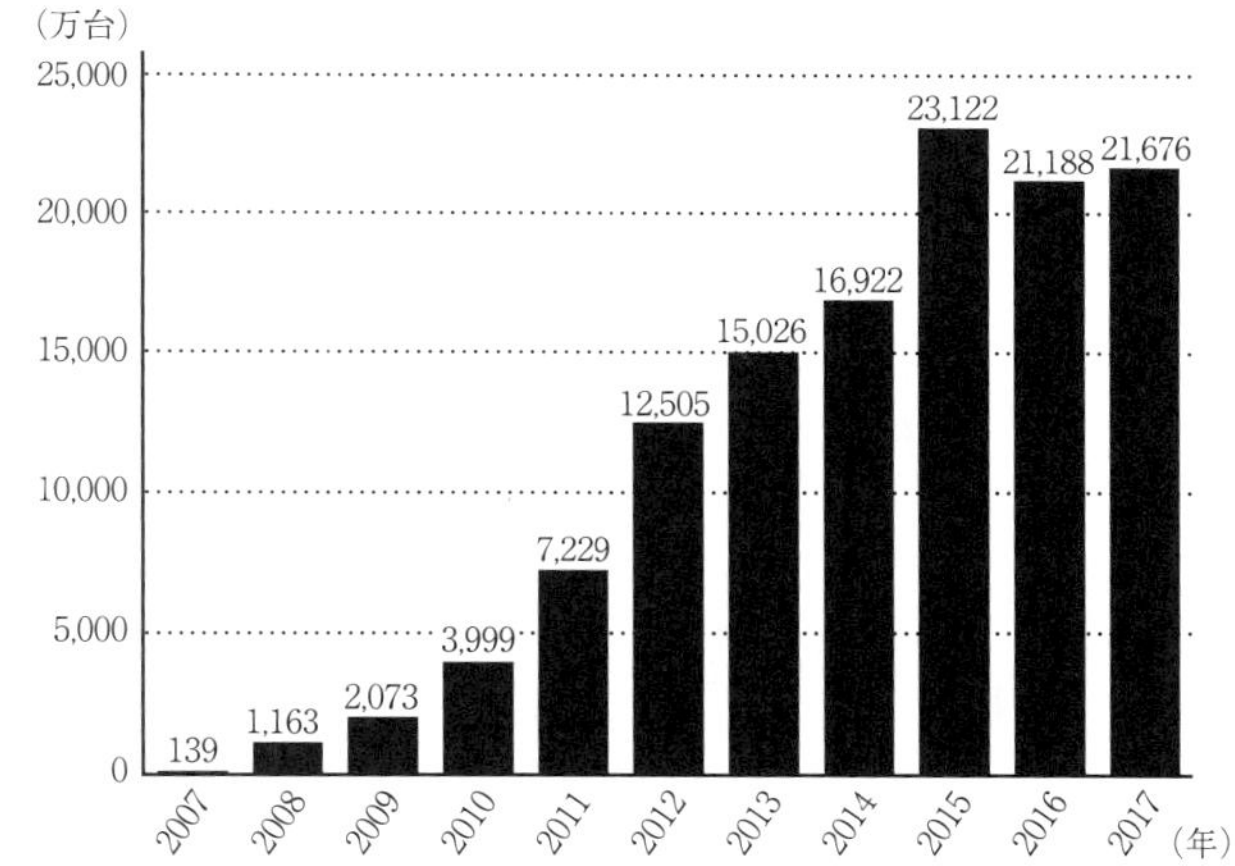

※アップル社の決算期は9月期。いずれも決算期末の数字。
出典）アップル社資料

スで増えていっても何ら不思議ではありません。すなわち、２０１８年以降の5年間は2倍、4倍、8倍、16倍、32倍と倍々ゲームで大企業への導入が進み、それ以降は多少伸びが鈍化していくものの、10年単位で見れば経済に激変を及ぼす可能性が高いと見ているのです。

　日本のように少子高齢化が加速度的に進むなかで、総人口より労働力人口の減少率が大きく慢性的な働き手不足が懸念される社会では、ＡＩやロボットの導入は働き手不足を乗り越えるための重要な手段となりうるといえます。日本の労働力人口

（15〜64歳）は2020年には2015年比で322万人、2030年には853万人、2040年には1751万人も減少していくのですから（前掲「人口統計資料集2018」）、AIやロボットは人手不足を解消するだけでなく経済の生産性を大幅に高めるため、それなりの期待をしていいというのも事実です。

とりわけ団塊世代が定年を迎え始めた2012年以降は労働力人口が大幅な減少傾向にあるのに加え、2017年以降は世界的な景気回復により輸出の増加が重なったため、人手不足は深刻化の一途をたどっています。多くの企業がAIやロボットで徹底した効率化に取り組むのは、必然の流れのなかにあるといえるわけです。

ただし、私が懸念しているのは、人手不足を補う以上に、はるかに人手が不要になってしまうという事態に陥らないか、ということです。

AIやロボットの普及があまりに速いペースで広まることによって、新たな雇用の受け皿が整う前にホワイトカラーを中心に次第に余剰人員が膨らみ、失業率が上昇傾向に転じる時期は思ったより早まるかもしれないのです。

日本の労働力人口の減少率だけを見れば、10年後も20年後も失業率が上昇する可能性は極めて低いと考えられるのですが、企業が生産性を高める流れのなかで、仮に労働力の2割がＡＩやロボットに代替された場合、東京オリンピックが終了後、2020年代初めには失業率が上昇傾向へと転じ、2020年代後半には5・5～6・0％程度（2017年の失業率2・8％の2倍の水準＝過去最悪だった2009年7月の5・7％に匹敵する水準）まで上がり続けることも想定できるというわけです。

ところが、経済学者の方々のなかには、そういった雇用情勢の行く末に目を向けることなく、「人口減少をバネに生産性を高めていけば、日本は経済成長を続けることができる」というピント外れな主張が意外なほど多いのには驚かされます。

たしかに、〔国内総生産（ＧＤＰ）＝人口×労働参加率×労働生産性〕、〔経済成長率＝人口増加率＋労働参加率の上昇率＋労働生産性の上昇率〕という式で簡単に表すことができるので、彼らが「労働力人口が減少傾向にあるので、労働生産性を大幅に高めるのが重要だ」という見解を述べるのは理解できます。だからといって、「労働力人口が減っていく社会では、ＡＩやロボットによる労働力の代替はむしろ歓迎されるべきだ」という楽観的な結論に持っていく彼らの感性が、私にはまったく理解できないのです。

経済学者の多くは今でも、技術革新（イノベーション）が経済を活性化させる最大の力になりうると信じています。イノベーションにより生産性が上がれば、賃金が上がると同時に雇用も増えるだろうとも考えています。たしかに21世紀を迎えるまでは、新しい技術が新しい需要をもたらし、新しい雇用を生み出してきました。その代表例として挙げられるのは、20世紀以降の自動車・航空機・電気におけるイノベーション（第2次産業革命）が莫大な産業集積を必要とし、大量の良質な雇用を生み出したという事実です。これらの産業は巨費を投じて大型の設備を次々とつくっては、高度化に伴い順次更新していく必要があったため、その他の産業にも多くの雇用や恩恵をもたらしました。まさに経済全体の生産性を上げ続けることによって、先進国の賃金は右肩上がりに推移していったというわけです。

利益は多いのに雇用は少ない

しかし、いま実現を目指しているイノベーションは、これまでとはまったく様相が異なります。21世紀以降のＩＴ、ＡＩ、ロボットによるイノベーション（第4次産業革命）は、コストを抑えるための自動化を最大限にまで推し進め、これまでの産業集積や雇用を破壊していくという特性を持っています。

図表3-2　日米を代表する４社の時価総額と従業員数

	アップル	アルファベット（グーグル）	マイクロソフト	トヨタ自動車
時価総額	92兆8,771億円（8,680億ドル）	82兆7,733億円（7,736億ドル）	75兆3,765億円（7,045億ドル）	23兆6,077億円
従業員数	12万3,000人（2017年9月末）	8万110人（2017年12月末）	12万4,000人（2017年12月末）	36万4,445人（2017年3月末）

※時価総額はいずれも2018年2月22日現在のもの。1ドル＝107円で計算。
出典）各社資料

世界の人々の暮らしぶりを変えたアップルやフェイスブックなどのＩＴ企業は、巨大な設備を必要とする伝統的な産業と比べると、莫大な利益を上げて株価が高いにもかかわらず、雇用を生む要素は恐ろしいほど少ないといえます。たとえば、アメリカの株式時価総額でトップ３を誇るのは、アップル、アルファベット（グーグルの持ち株会社）、マイクロソフトですが、この３社の時価総額合計は２０１８年２月の時点で約２５１兆円（当時の為替で換算）と巨額であったのに、従業員数は合わせてたったの33万人程度しかいなかったのです（図表３－２参照）。

日本のトップであるトヨタの株式時価総額が同じ時点で約24兆円、従業員数が36万人程度であったことを考えると、イノベーションによっていくら利益が膨み株価が上がったとしても、労働者全体には広く行き渡っていないという実情が浮き彫りになってきます。

経済学者が信じているイノベーションは今や、ほんの一部の企業による寡占の状態を生み出してしまったばかりか、それらの企業が稼ぐ巨額の利益を、ごくわずかの創業者、少数の従業員、目端の利いた株主の3者で分配する仕組みまでつくりあげてしまっています。アメリカでは格差の拡大が史上最悪のレベルにまで進んでいるといわれていますが、この先さらにＡＩやロボットが爆発的な普及期に突入することとなれば、アメリカの失業率は２０１７年12月の４・１％から２０２０年代後半には、ゆうに10％を超えるまでに悪化しているかもしれません。人口が増え続けているアメリカでは、日本より雇用悪化の度合いが強まるのは間違いないでしょう。

私が改めて強調しておきたいのは、ＡＩやロボットによる効率化は世界的に失業者を増加傾向に転じさせたうえで、格差をいっそう助長する主因になる可能性が高いということです。おそらく２０２０年代のうちには、企業の生産性や株価が今よりも大幅に上がっている一方で、雇用情勢が悪化して不安定な社会が到来することになっているでしょう。

日本は今後も労働力人口が減少し続けるとはいうものの、企業がいっせいに急激な効率化を進めるようなことがあれば、いよいよ日本でも失業や格差が社会問題としてこれまで以上にクローズアップされてくるのかもしれません。アメリカ全土で2011年に起こった「ウォール街を占拠せよ」のような反格差デモが、将来の日本でも起こりうる下地は十分に整ってきているように思われます。そういった意味では、日本はアメリカの悪い部分を追いかけているのではないでしょうか。

第4章では、日本経済の根幹を支えている自動車産業が新しいイノベーションによって大きな岐路に立たされている事例を説明したうえで、我が国を代表する大企業の多くが今後、決して安泰とはいえない状況を見ていきたいと思います。

第4章　2020年以後の日本の企業

――トヨタが「東芝化」する可能性

日本が誇る自動車産業の弱点

大学生の就職企業人気ランキングは様々な調査によって示されていますが、上位に並ぶ企業名はどの調査も例外なく、金融・商社・サービス・メーカーの大手で占められています（図表4－1参照）。そのような傾向には、今も10年前もあまり大きな違いは見られません。時代が大きく変わってきているというのに、大企業に就職すれば将来は安泰だと思っている学生が依然として多いという証左なのでしょう。

しかし、2000年以降に本格的に始まったグローバル経済やイノベーション経済のもとでは、たとえ日本を代表する大企業であったとしても、10年後も20年後も盤石の態勢で存続しているという保証はどこにもありません。たとえば10年前の時点で、日本を代表する電機メーカーである東芝が破綻寸前の経営危機に直面するなどと予想した人はいなかったでしょう。

また、薄型テレビで一時は隆盛を誇ったシャープが台湾の鴻海《ホンハイ》精密工業の傘下に入るなどと予想した人もいなかったでしょう。これらの事例が示しているのは、経営陣が重大な局面で選択をひとつ誤れば、誰もが知っている大企業ですら破綻や危機に陥

図表4-1　2018年卒 大学生就職企業人気ランキング

文系総合		理系総合	
1	全日本空輸（ANA）	1	ソニー
2	JTBグループ	2	味の素
3	日本航空（JAL）	3	資生堂
4	三菱東京UFJ銀行	4	明治グループ（明治・Meiji Seika ファルマ）
5	東京海上日動火災保険	5	サントリーグループ
6	三井住友銀行	6	トヨタ自動車
7	エイチ・アイ・エス（H.I.S.）	7	東日本旅客鉄道（JR東日本）
8	みずほフィナンシャルグループ	8	カゴメ
9	損害保険ジャパン日本興亜	9	アサヒビール
10	伊藤忠商事	10	東海旅客鉄道（JR東海）

出典）マイナビ

ってしまうということなのです。

経済のグローバル化や情報技術の目まぐるしい進展を背景に、経済やビジネスのサイクルが非常に短く、かつ速くなってきています。数年前には絶好調だった企業が、今となっては業績悪化に苦しんでいる。あるいは、数年前には莫大な利益が出たビジネスモデルが、もはや赤字に転落してしまっている。そのような状況が当たり前のようになってきているのです。

とりわけ新しい技術革新の発達によって、強力な競争相手が国内外の同業他社だけでなく、異業種から参入してきた企業から誕生しているというケースが増えてきています。インターネットやオートメーション、ＡＩの発展が、業種間の垣根をいっそう低いものとし、企業間の競争激化とそれに伴う淘汰・再編を促していくことになるでしょう。

たとえば、第3章で述べたアメリカの事例では、アマゾンの業種を超えた拡大路線が小売業全体の淘汰・再編を引き起こしています。アマゾンの攻勢はインターネットを通じた電子書籍の販売から始まりましたが、全米で電子書籍が爆発的に普及すると、書店の閉店が相次ぐようになりました。その後、インターネット通販で家電や玩具、衣料品など取り扱う商品が増えていくにつれて、実店舗を抱える小売業の不振が深刻となり、多くの企業が破綻や店舗閉鎖を余儀なくされています。詳細については第3章で触れた通りですが、家電量販大手ラジオシャックや玩具販売大手トイザラスの破綻が象徴するように、アマゾンの拡大路線によって旧来型の大企業や老舗《しにせ》企業が苦境に追い込まれるケースが次々と起こっているのです。

これからの世界で私たちは、30年以上にわたって繁栄を続ける企業はほとんどなくなるということを覚悟しなければなりません。新しいイノベーションが発達することによって、あらゆる業界の境界線が徐々になくなっていくからです。

異業種からの参入企業の特徴は、その業界の伝統や慣習に縛られない自由な発想をするということです。既存の業界の側からすれば、これまで競ってきた企業とはまったく違うタイプの企業との競争は、どう対処したらいいのか、わからないことばかりでしょう。結局のところ、参入企業に対してはどうしても受け身にならざるをえず、そのあいだに業界のシェアを予想以上の速さで奪われるという事態は、様々な業界を跨《また》いで決して珍しい光景ではなくなっていくというわけです。

日本は高度経済成長期以降、自動車産業と電機産業の両輪が輸出の要《かなめ》となり、まさにこの二つの産業はこれまでの日本経済の根幹を担ってきました。その両輪のひとつ、電機産業の中心的位置付けにあった家電が新興国メーカーに押されている今となっては、自動車産業が孤軍奮闘して海外での売上げを伸ばすことによって、日本経済の屋台骨を支えているといっても過言ではありません。

しかしながら、新たなイノベーションが発達しつつあるなかで、日本の自動車産業にも決して安泰とはいえない未来が迫ってきています。なぜなら現在、後述するように、欧州では2020年代半ばからのガソリン車の販売禁止が検討されているからです。こうした動きが全世界に波及すれば、日本一の大企業であるトヨタはもちろんのこと、日産やホンダといった大企業にいたっても、今後の電気自動車化、自動化の流れのなかで舵取りをひとつ間違っただけでも、あっという間に第二の東芝、第二のシャープに転落してしまう可能性が決して否定できない時代に入ってきているのです。

欧州は電気自動車に舵を切っているのに

いよいよ自動車の世界では、新エネルギー車（電気自動車、プラグインハイブリッド車、燃料電池車）に軸足を移す動きが鮮明になってきました。2017年7月にフランスとイギリスが相次いで、2040年までにガソリン車とディーゼル車の販売を禁止するという方針を打ち出しました。両国とも禁止するまでのスケジュールや内容には踏み込んでいないものの、実際には電気自動車の購入を補助金で促進しながら、ガソリン車やディーゼル車の製造・販売に段階的に規制をかけて、最終的に禁止する方向へ持っていくとみられています。

両国の狙いは、排ガスによる都市部での深刻な大気汚染に歯止めをかけるのは当然として、温室効果ガスを削減して地球温暖化に対応していくという点でも共通しています。2017年7月のタイミングで公表に踏み切ったのは、地球温暖化対策の国際的な枠組みである「パリ協定」から離脱を表明したアメリカのトランプ大統領に対抗する政治的なメッセージであったといっても差し支えないでしょう。

環境に対する意識が高い欧州では、オランダやノルウェーでも2025年以降にガソリン車やディーゼル車の販売を禁止しようと検討しています。ドイツでも2030年までにガソリン車やディーゼル車の販売を禁止するという決議が国会で採択されています。あくまで国会がその意思を示すために行った決議であり、法制化の見込みはないというのが味噌ですが、フォルクスワーゲン（アウディ、ポルシェ）、ダイムラー（メルセデス・ベンツ）、BMWなどを擁する自動車大国のドイツであっても、脱ガソリン・脱ディーゼルの気運が高まっているのは紛れもない事実なのです。

世界全体の石油消費の7割近くは自動車などの輸送機器が占めていますが、大気汚染や温暖化の対策として「脱石油（＝脱ガソリン・脱ディーゼル）」が世界的な潮流になりつつあります。そうした趨勢のなか、欧州各国で電気自動車への傾斜が始まり、世界の自動車メーカーの技術開発の動きを後押ししていくことになるでしょう。政治が主導するかたちで電気自動車の普及が進むのであれば、自動車メーカーは急拡大が期待できる市場を取り込むために、電気自動車の開発を優先せざるをえなくなるのが確実だからです。

そもそも、なぜ欧州で電気自動車への流れが決定付けられたのかというと、フォルクスワーゲンをはじめ欧州の自動車メーカーで、ディーゼル車の排ガスに関するデータを捏造《ねつぞう》するという犯罪行為が横行していたからです。EUはフォルクスワーゲンの不正が2015年に発覚する2年も前から、すでにその事実を摑《つか》んでいたといわれていますが、それをあえて公表しなかったのは、不況を脱しつつある当時の欧州経済を引っ張っていた自動車産業を支えるためだったのです。

それまでのディーゼル車は、欧州自動車メーカーが環境配慮型の自動車として世界をリードすると見られていました。現に欧州では、ディーゼル車は燃費の良いエコカーとして新車販売の5割程度を占めていました。ところが、フォルクスワーゲンやダイムラーなどの排ガス不正が相次いで発覚したことによって、ディーゼル車のブランドや技術に対する信用は大いに失墜したばかりか、2017年以降はディーゼル車から出る窒素酸化物による大気汚染の問題が深刻になり、メディアでもクローズアップされてきているのです。

とりわけ欧州各国の大都市では、多くの市民から大気汚染への心配や不満の声が高まり、フランスのパリやギリシャのアテネなどは、2020年代半ばまでにディーゼル車の乗り入れを禁止するという方針を決定しました。ドイツのベルリンやハンブルクといった大都市でも、ディーゼル車の走行を禁止するという検討に入っていたのです。排ガス不正問題が決定打となり、欧州各国のディーゼル車への規制強化の流れが出来上がってしまっているというわけです。

欧州メーカーはこれから、排ガス規制強化に伴ってディーゼル車の製造コスト上昇を避けることができないのに加えて、これまでディーゼル車の開発に巨額の投資をかけてきた分、ディーゼルに代わる新たな開発投資に潤沢な資金を使うのが難しい状況にあります。ドイツではエネルギー企業と自動車メーカーが燃料電池車の開発を試みていましたが、不正に関する補償や賠償金が巨額にのぼるため、燃料電池車を開発する資金はとても捻出《ねんしゅつ》できなくなってしまったのです。要するに、燃料電池車より開発コストが安い電気自動車に傾斜するのは、避けられなかったというわけです。

世界最大の市場・中国が決定づけた世界の流れ

そのような流れのなかで最も注意を払うべきは、イギリスとフランスに追随するように、中国がガソリン車やディーゼル車の製造・販売を禁止する方針を決定し、導入時期の検討に入ったということです。中国の2017年の新車販売台数は2888万台に達し、アメリカの約1・7倍、日本の約5・5倍とあまりにも巨大な市場に成長しています（図表4－2参照）。世界最大の自動車市場である中国の動向は、アメリカ・欧州・日本の自動車メーカーが電気自動車を中心とする新エネルギー車に軸足を移さざるをえないことを確実にしたといえるでしょう。

中国がガソリン車やディーゼル車の製造・販売を禁止する検討に入った背景には、欧州と同じように、北京や上海などの大都市で大気汚染が深刻になっているという事情があります。富裕層や急増している中間層のあいだからは、普通に呼吸できる環境すら保てない今の体制に国家の運営を任せられないという不満が湧き起こっていたのです。水や食料であれば有害物質に汚染されていない輸入品を購入すれば済むことなのですが、空気だけはどうにもできません。

そのような状況下で、ぜんそくや気管支炎といった健康被害に苦しむ国民からも現体制への批判が強まっていて、深刻な大気汚染をこのまま放置すれば体制維持が困難になるだろうという認識が共産党指導部にも広がっていったといいます。現体制にと

図表4-2　主要国の新車販売台数(2017年)

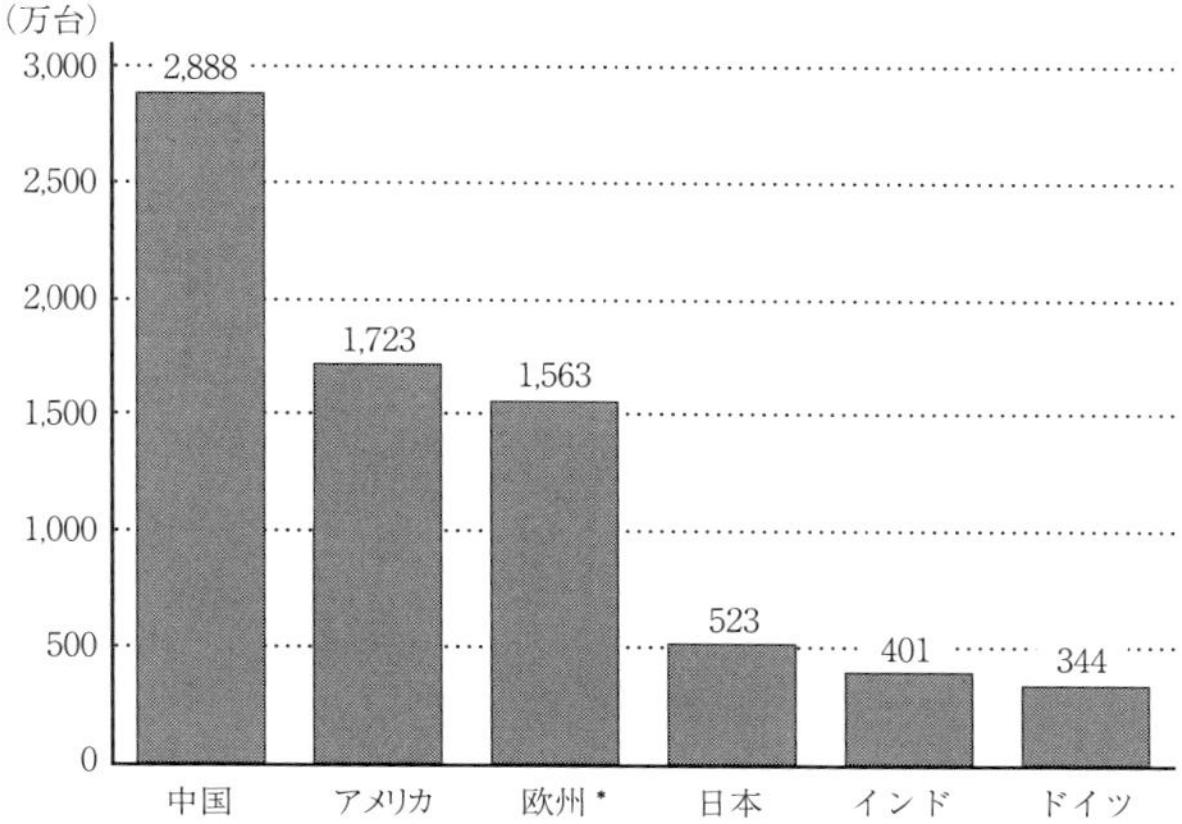

*欧州はEU＋EFTA 全30ヵ国
出典)中国自動車工業会、オートデータ、欧州自動車工業会、日本自動車販売協会連合会、全国軽自動車協会連合会、インド自動車工業会、ドイツ連邦陸運局

って共産党による統治の正統性を失い、権力を維持できなくなる懸念が拡大していったという国内的な事情が、自動車の排ガス規制や地球温暖化対策で世界の主導権を握ろうとする強い動機になっているというわけです。

その一方で、中国の現体制が非常にしたたかだと思うのは、大気汚染対策に取り組むことが体制の維持に寄与するだけではなく、自国の政治力・経済力を増強する大きなチャンスとしても捉えているということです。深刻な大気汚染を解決しなければならないという危機感が地球温暖化対策にとって効果的な技術開発をもたらすことができれば、世界における中国の政治的な発言力が増すばかりか、それに伴う経済的な利益を得ることもできるからです。こうした考え方が、中国の今の自動車産業における政策の基本となっているのです。

ですから中国は、ガソリン車やディーゼル車では先進国の自動車メーカーに技術的に対抗するのが難しいなかで、外資に対して電気自動車における優遇策を拡充することで、自国メーカーへの技術移転を促進し、自動車産業を中国の有力な産業のひとつに育てようとしています。そのために中国政府は、外資に従来認めていなかった3社目の合弁を新エネルギー車に限定して解禁し、ブランド力を持つ新エネルギー車を開発する方針を示しています。

そのうえ中国政府は、自動車メーカーに対して2019年以降、一定比率（2019年が10％、2020年が12％）の新エネルギー車の製造・販売を義務付ける方針を示しています。その義務付け比率をクリアできなかったメーカーは、非新エネルギー車（ガソリン車やディーゼル車など）を販売できる権利を購入し、義務付け比率を達成したメーカーに対してその代金を支払わなければならないという規制が始まるのです。

ところが、２０２０年代前半までは中国の電気自動車専業メーカーしかこの規制をクリアすることができないと見込まれるため、先進国や中国の大手メーカーの間で非新エネルギー車を販売する権利の争奪戦が勃発し、その結果、権利の購入コストが高騰するのではないかと懸念されています。

この規制を導入する中国の本当の狙いは、電気自動車で世界の主導権を握ることのできる国産メーカーの育成にあります。なぜなら、中国の電気自動車専業メーカーは権利の売却で得た巨額の資金を用いて、技術開発や製造販売に力を入れることができるからです。その過程では中国政府の指導のもと、国内の２００社あまりの電気自動車メーカーの再編が進められ、最終的には比亜迪汽車（ＢＹＤ）をはじめ数社の大手メーカーが誕生し、先進国の大手メーカーと互角以上の競争をするようになっているかもしれません。

中国が２０１７年4月に公表した中長期計画では、２０２５年の新エネルギー車の販売台数を従前の計画の2倍にあたる７００万台に上方修正しています。２０１９年に導入する新規制を起爆剤として、２０２５年に３５００万台と予想する新車販売台数のうち、新エネルギー車が20％を占めるという目標を示したかたちとなっています。2016年の電気自動車販売台数がわずか50万台であったことを考えると、この目標は達成不可能ではないかと見る向きが多いのも理解できます。

しかし、私たちは中国の国家統制経済の推進力を決して侮ってはいけません。実際に、中国の大都市部ではガソリン車を購入するのが極めて困難となり、多くの国民が電気自動車を買わざるをえない状況に仕向けられているからです。

たとえば、交通渋滞が深刻な北京市、天津市、深圳市などの6都市では、乗用車購入に必要なナンバープレート発給に抽選制度を導入しています。いずれの大都市でもその抽選に当選する確率は1％未満にとどまっていて、大都市の住民にとってガソリン車を購入するチャンスはほとんどないというのが現状なのです。

また、上海市のようにナンバープレートを競り合う制度を採用しているところもあります。ナンバープレート1枚の価格が高騰し、10万元（約170万円）を超えるのが常態化しているということです。上海市ではもはや、富裕層にしかガソリン車を買う機会が与えられていないといえるでしょう。

これに対して、新エネルギー車のナンバープレートの発給はさほど厳しくなく、多くの大都市では1～2年も待てば確実に発給されるといわれています。しかも、多くの大都市では渋滞を緩和するために、ナンバープレートの末尾の数字をもとに走行する曜日を制限するという規制を行っていますが、新エネルギー車の多くはこういった規制も免除されています。

航続距離が短く、車種が少なく、デザインへの評価が低いにもかかわらず、それでも購入できるなら仕方ないと判断し、消極的な選択ながらも電気自動車を購入する国民が今後も増え続けていくことになるのではないでしょうか。

ディーゼル車にこだわる欧州一強「ドイツ」の苦境

しかしながら、中国が自国の自動車メーカーを育成しようと電気自動車に大きく舵を切ったのとは異なり、長いあいだディーゼル車を主力販売車種としてきた欧州のメーカーにとっては、急激な電気自動車へのシフトはそんなに簡単なことではありません。これまでディーゼル車やガソリン車に巨額の投資をしてきたので、すぐには処分できないほどの、多くの関連資産を持っているからです。そのようなわけで、中国がフォルクスワーゲンやトヨタを凌駕する自国メーカーをつくりだそうという野望を持っているのとは対照的に、欧州のメーカー経営者は事あるごとに規制強化の流れを牽制するような発言をしているのです。

２０１６年11月には、フォルクスワーゲンが排ガス不正問題の後始末として、大規模なリストラと電気自動車へシフトする生産体制の再編を決定しています。その内容は、全世界で３万人の従業員を削減する一方、ドイツ国内では９０００人の雇用を創出するというものですが、実態はというと、将来的に国内外の雇用は削減され、電気自動車の時代に対応した合理化を目指しているということになります。

電気自動車はガソリン車・ディーゼル車に比べて部品数も少なく生産が簡素化できるため、関連産業も含めると雇用が減少するのは避けられないからです。国民の７人に一人が自動車関連産業に従事するドイツにとって、雇用面の打撃は大きいといえるでしょう。

こうした事情から、ドイツでは世界で進む電気自動車シフトに後れを取っているにもかかわらず、政府・自治体・企業が一体となってディーゼル車をできるだけ延命させようとする方針を打ち出しています。２０１７年８月にフォルクスワーゲン、ダイムラー、ＢＭＷなど大手メーカーと政府・自治体は、５３０万台のディーゼル車を自主的に無償改修するのに加えて、２０１８年末までに排ガス除去装置の性能を高め、窒素酸化物の排出を25～30％抑える目標を持つという内容で合意しています。その見返りとして、ベルリンやハンブルクなどの大都市でディーゼル車の走行を禁止するという議論は撤回されることとなったのです。

この合意の意味するものは、ドイツではイギリスやフランスと異なり、ディーゼル車が依然としてエコカーの主力であることを政府が事後承諾しているということです。ドイツのメーカーはブランド力を持ったディーゼル車やガソリン車に強く、最大手のフォルクスワーゲンは２０１６年、念願の世界販売トップの座をトヨタから奪還しました。国内には自動車の完成車工場だけでなく、多くの部品供給を担う企業群も抱えています。ドイツの自動車産業は財輸出の2割を稼ぎ出し、財貿易収支の黒字の5割超を占めています。欧州一強と呼ばれる経済力を自動車産業が支えているがゆえに、電気自動車に大きく舵を切るのが難しいという苦境にあるのです。

さらにドイツが苦しいのは、自動車メーカーが電気自動車の必要性を認め技術開発も進めているものの、これまでディーゼル車を中核にしてエコカー戦略を進めてきたため、他国の大手メーカーに比べて技術的に遅れが生じているということです。そこでドイツが新たに取った戦略というのが、欧州で浸透しているディーゼル車の市場をできるかぎり持続させ、電気自動車に移行する時間をなるべく稼ぎたいというものです。当然のことながら、その戦略のなかには、ディーゼル車で稼げるだけ稼ごうという目論見があるのは間違いないでしょう。

いずれにしても、ドイツの自動車メーカーはディーゼル車と電気自動車双方に開発投資を分散するという非効率な二正面作戦を続けなければならないというわけです。

ハイブリッド車にこだわる「世界のトヨタ」の不安

実は、日本のトップランナーであるトヨタまでもがドイツの自動車メーカーと同じように、二正面作戦を展開しようとしています。ハイブリッド車と電気自動車の双方への開発投資を続けることによって、ハイブリッド車をできるだけ売り伸ばし、電気自動車の時代に備えるというのです。その証左として挙げられるのが、2017年8月に発表したマツダとの資本・業務提携です。日本経済新聞などのメディアでは、「トヨタとマツダが資本提携を発表、電気自動車開発などで連携強化」といった具合に書かれていましたが、本当のところはまったく違っていたのではないでしょうか。

なぜかというと、仮にトヨタが電気自動車に本気で取り組もうというのであれば、電気自動車どころかハイブリッド車の技術すら持っていないマツダからは、トヨタが得られるものは何もないからです。おそらく、トヨタがマツダとの提携で欲しいのは、低燃費エンジンの技術なのでしょう。実際のところ、トヨタのハイブリッド車の燃費の優位性は、ライバル日産の燃費向上によって失われてきています。その挙げ句、国内でのハイブリッド車の販売台数は日産に追い上げられる状況が続いています。すなわち、トヨタはハイブリッド車の燃費をいっそう向上させるために、マツダの低燃費エンジンの技術を取り込もうとしているのです。

　ところが、世界の動向に目を移すと、ハイブリッド車の将来は厳しい見通しとなっています。アメリカ最大の新車市場であるカリフォルニア州など10州で２０１８年以降、新エネルギー車（エコカー）として優遇を受けることができるのは、排ガスを出さない電気自動車や燃料電池車であり、ハイブリッド車は含まれていません。

　中国で２０１９年以降に導入される規制でも、ハイブリッド車は新エネルギー車として扱われていません。イギリスとフランスではハイブリッド車は規制の対象外になっているとはいっても、アメリカ・欧州・中国が電気自動車にシフトする動きを加速させるなかで、ドイツの自動車メーカーがディーゼル車で稼げるだけ稼ごうとしているのと同じく、トヨタはハイブリッド車で稼げるだけ稼ごうという構想を描いているのでしょう。

そのような構想を描ける根拠には、主にふたつの理由があると考えられます。

まずひとつめは、電気自動車の普及を促進するには、電力供給や急速充電のインフラ整備というハードルがあることです。欧州では太陽光発電や風力発電などの再生エネルギーが余る時代に入りつつあり、将来的にも電気自動車への電力供給には問題がない見通しですが、中国で電気自動車が爆発的に増えるとすれば、今のインフラでは都市部の電力が足りない状況が想定されているのです。それに加えて、ガソリン車の給油並みの短時間を目指して急速充電の設備を拡充するとすれば、安全に管理するための送電網や蓄電設備の整備も不可欠になっていくというわけです。

ふたつめには、リチウムイオン電池のコストと性能に高いハードルがあります。電気自動車の普及を図るには、製造コストの4割前後を占める電池価格の引き下げが避けられない問題となっています。電池の材料であるレアメタル価格が需要の拡大により上昇傾向が続いているなかで、想定を超える技術革新が起こらないかぎり、電池のコストが大幅に下がることは考えられないのです。

また、電池の性能面での改良を加え、重すぎる電池の軽量化と耐久性の向上、経年劣化の克服も図らなければなりません。少なくとも電池の重さを今の3分の1に、耐久性を2～3倍にできなければ、ガソリン車の走行性能に太刀打ちできないという現実があるからです。

たしかに、これらのハードルをクリアするのは、そう容易なことではないかもしれません。しかしそれでも前者のインフラの問題については、中国は国家統制経済の特色を生かしてクリアできる潜在力を持っています。中国は大気汚染の主因である石炭火力を削減するために原子力発電所の増設を急ピッチで進めていますが、20年後にはアメリカを抜いて世界1位の原発大国になるだろうといわれています。電気自動車の電力供給を補うためならば、現在建設中の原発20基をあと10基増やすことなど、中国はトップダウンでいとも簡単に決断できてしまうのではないでしょうか。

そしてさらに驚くべきは、中国ではすでに急速充電の問題をアイデアによって乗り越えるという新ビジネスが誕生していることです。本来、充電スタンドは電気を充電する場所であるはずなのですが、新しいビジネスでは、あらかじめ充電されたバッテリーを交換する場所に変わってしまっているのです。バッテリー交換は自動化された機械によって行われるので、１分もあれば十分にできるというすぐれものです。これは、ビジネスにとって規制が少ない中国だから生まれたアイデアであり、このようなスタンドが広がりを見せていけば、急速充電の問題はいとも簡単に解決できることとなるでしょう。

そのうえ、後者の電池のコストや性能の問題が解決できなかったとしても、大気汚染に悩む世界各地の大都市では、電気自動車社会への対応は十分に可能であるように思われます。たとえば、この先で述べる「自動車のシェアリング（共有）」を基礎として、長距離の運転はガソリン車に頼る一方で、都市内での短距離の運転は電気自動車に限定するという方法は、かなり現実的なアイデアであるといえるでしょう。

大気汚染と無縁とはいえ超高齢化が進む日本では、将来的にコンパクトシティ化が強く求められる方向にあるので、電気自動車のシェアリングは公共交通機関を代替し、高齢者の移動を助ける交通手段としてマッチングするはずです。当然のことながら、日本に遅れて世界各国で進む高齢化にもマッチングするでしょうし、高齢者の生活水準を下げないことにも貢献できると考えられるのです。

窮地に立たされた日本のメーカー

トヨタは「電気自動車の開発では遅れていない」といいますが、2014年に世界最高水準の蓄電池の技術を持つテスラからの電池調達を中止、電気自動車の量産から一時は撤退したという事実を鑑《かんが》みれば、欧米のメーカーと比べてトヨタは明らかに電気自動車の開発では出遅れてしまっています。たとえ世界的にガソリン車・ディーゼル車を禁止するのが早くても20年以上も先の話になっていたとしても、トヨタが何年も悠長に構えている時間など、経営戦略上は絶対にありえないことなのです。グローバルな競争で電気自動車シフトが着実に進んでいくなかで、ハイブリッド車の燃費向上だけで競争を勝ち抜こうとしても、将来的に袋小路に迷い込むのは避けられないというわけです。

ホンダにも暗雲が垂れ込めています。ホンダは中国の大手メーカー2社と共同開発をしている電気自動車を2018年に中国市場で発売する予定ですが、トヨタとは異なり近年の中国市場での販売が大幅に伸びている分、中国で2019年以降に始まる規制をクリアできる電気自動車の生産・販売は絶対にできないだろうと見られています。つまり、現在の水準のガソリン車やハイブリッド車の販売台数を維持するためには、それらを販売する権利の購入コストが莫大な額に膨らみ、苦境を強いられるのではないかと懸念されているのです。トヨタと同様、欧米のメーカーに比べて生産体制の構築が遅れているので、目先の数年だけでなく将来の先行きも決して楽観できないでしょう。

その点では、日産は他の先進国のメーカーに先駆けて電気自動車を生産・販売してきた実績があり、中国でこれまで通りのガソリン車を販売しても、規制の影響を最小限に抑えられるだろうと見られています。２０１７年には航続距離が現行モデルの2倍に伸びた「新型リーフ」を国内で発売し、世界の電気自動車化への流れが、強い追い風になっているのは間違いないでしょう。

ところが、２０１０年に発売した初代リーフの電池の経年劣化が著しく、中古車市場でリーフの価格が暴落したという問題が浮上しています。電池の交換には１２０万円程度のコストがかかるところを、日産はリーフのブランド価値を守るために60万円程度で交換に応じているといいます。いくら新型リーフの販売が増えても、電池の交換も含めればリーフ全体では赤字になってしまう可能性もあるというわけです。

いずれにしても、トヨタは電気自動車での出遅れを取り戻そうと、２０１７年の１

年間で電気自動車開発の体制づくりを急ピッチで進めています。グループ企業のデンソーやアイシン精機、豊田自動織機などにとどまらず、ホンダやスズキなど他の大手メーカーにも次世代電池の開発における協力を呼びかけているのです。電池では国内トップの技術力を持つパナソニックとも、電池事業で協力を検討すると発表していきます。さらには、従来から提携関係にないメーカーも含め、電池の開発で広く協力を呼びかけ、「オールジャパン」で電気自動車の開発に乗り出す考えを示しています。トヨタがこれまでのプライドを捨てて、将来の生き残りのために総力をあげる姿勢を鮮明にし始めているのです。

日本企業の将来を左右する電池開発

日産のリーフのケースは、電気自動車の電池が抱える課題を改めて浮き彫りにしました。日産は当初、量産効果により電池の生産コストが急激に低下するだろうと考えていました。技術の進歩により電池の経年劣化もある程度まで抑えられるだろうと楽観していました。しかし実際には、電池の生産コストの低下も実現できていないし、おそらくは経年劣化も克服できていないのです。

トヨタが他のメーカーに幅広く協力を求めるようになったのは、電池の規格をオールジャパンで統一できれば、生産コストを大幅に下げることが可能だと見込んでいるからです。トヨタが企業連合を率いてリチウムイオン電池に代わる新型電池を開発できれば、これまでの遅れを一気に取り戻すどころか、世界で圧倒的に優位に立つことができるというわけです。

トヨタが開発を進めているのは、次世代の新型電池と期待される「全固体電池」です。リチウムイオン電池は一般的に、「正極」と「負極」、両極の間にある「電解質」から構成されています。リチウムイオンが流れる電解質は可燃性の液体ですが、全固体電池ではこの電解質に固体の材料を使用しようというのです。その結果として、液漏れや発火などの危険が少なくなることで安全性が向上するのに加えて、充電時間の短縮や大容量化、電池寿命の延びなどの性能アップも実現ができるというわけです。

目下のところ、固体の電解質は開発の途上にあり、化学反応のメカニズムを解明している段階です。もちろん、克服すべき難点もいくつか見つかっていますが、トヨタは2020年代前半には実用化にこぎつけたいと考えているようです。

電気自動車用の全固体電池の開発を進めているのは、なにもトヨタをはじめとした日本勢だけではありません。韓国ではスマートフォン向けに全固体電池を開発中のサムスン電子や電池事業が専業であるLG化学が、全固体電池の開発をすでに始動させています。

アメリカでもiPhoneで世界を席巻するアップルが、電池関連の技術者を集めたうえで研究体制を整えつつあるようです。遅かれ早かれ、フォルクスワーゲンやゼネラルモーターズ、比亜迪汽車などがこれらのメーカーと協力関係を構築し、日本勢と開発競争をする動きが起こってくると考えるのが自然でしょう。世界の完成車メーカー、自動車部品メーカー、スマートフォンメーカーらを巻き込んで、次世代電池の開発では熾烈《しれつ》な主導権争いが待ち受けているというわけです。

とりわけ注目すべきは、サムスン電子の動向です。サムスン電子は全固体電池の次の世代にあたる「リチウム空気電池」の開発にも取り組んでいるからです。リチウム空気電池の仕組みは、正極の触媒で空気中の酸素を取り入れ、負極の金属リチウムと化学反応させて電気を起こすというものです。

化学の理論から考えれば、従来の電池より大容量化が可能なだけでなく、全固体電池より小型化・軽量化およびコスト削減が見込まれています。まさに究極の電池といわれ、全固体電池よりも実現のハードルはかなり高いと見られているのです。サムスン電子は2030年の実用化を目指しているようですが、その頃には電池の開発競争の結果も大方出ているのかもしれません。

今後、電池開発でどのメーカーが世界で主導権を握るのか、今のところ、まったく見通すことはできません。ただこれだけはいえるのは、電池開発の成否が日本の自動車関連産業、ひいては日本経済の浮沈を握っているといっても過言ではないということです。日本のメーカーの技術力には大いに期待していますが、仮に海外のメーカーに劣勢を強いられる展開になるようなことがあれば、トヨタやホンダだけでなく、多くの関連メーカーが経営基盤を脅かされる事態も想定しておかねばならないのです。

そういった意味では、世界での電気自動車の開発競争は、私たちの雇用や生活に直結する重大なテーマであるといえるでしょう。

電気自動車がもたらす経済的リスク

ところで、今の世界では先進国、新興国にかかわらず、自動車産業が雇用の中核を担っています。何しろ直接・間接の雇用者数は、アメリカでは約700万人、欧州では約1300万人、中国では約4500万人、日本では約550万人にも上っているのです。

ところが不思議なことに、電気自動車の増加がもたらす経済的なリスクについてはあまり語られることがありません。その経済的リスクとは、電気自動車化への流れが今後、多くの国々から良質な雇用を奪っていくということです。ただでさえ、第3章で述べたように工場自動化の進展が雇用を大幅に減らしていくというのに、電気自動車がもたらす雇用への悪影響は工場自動化と同じくらいに大きいものなのです。

なぜそういえるのかというと、先ほども少し触れましたが、電気自動車の生産に必要な部品数はガソリン車やディーゼル車と比べて圧倒的に少なくなるからです。ガソリン車やディーゼル車に使われる部品数は実に約3万点にも及びますが、電気自動車の部品数はその3分の1の約1万点にすぎません。

電気自動車ではエンジンが電池に置き換わることで、タンク、点火プラグ、マフラー、スロットル、ラジエーター、変速機といった多くの機能が不要になります。外見上、電気自動車は普通の乗用車と見分けがつきませんが、実はその中身はタイヤが付いたコンピュータに近いといわれています。私たちが慣れ親しんでいるガソリン車とは、まったく別の自動車と考えたほうがいいでしょう。

電気自動車が主力となる将来の自動車産業では、部品数が劇的にといえるほど減少していく分、部品の製造に必要な雇用者数は大幅に減っていくことが予想されていきます。当然のことながら、組み立ての工程もかなり簡素化されるため、組み立て工場の人員も大幅に減るでしょう。そのうえ、ガソリン車はエンジンオイルや点火プラグなどの交換が必要ですが、電気自動車ではそれほどの保守点検作業は必要とならないので、修理やサービスの仕事も激減することが予想されているのです。

自動車産業のピラミッド構造では、その頂点に大手完成車メーカーがいて、その下に組み立て・部品メーカーなどの下請けがぶら下がっているうえに、その関連産業が広い範囲に裾野を広げています。電気自動車の普及によって、このピラミッド構造は大転換を迫られることになるでしょう。

たしかに、電気自動車が主力車になることで、電池の製造やソフトウエアの開発などで新たな雇用が生まれることはわかっています。しかし、そういった新たな雇用から失われる雇用を差し引くと、どのように考えても大幅なマイナスとなり、非常に多くの労働者が職を失うことは避けられないでしょう。電気自動車の普及に伴う最大の問題は、決して電力不足などという些細なことではなく、多くの良質な雇用が失われるということなのです。

比較的賃金が高い自動車産業で、各企業が雇用を大幅に減らすということは、先々、世界各国で経済問題や社会問題としてクローズアップされてくるだろうと考えています。とくに産業ピラミッドがしっかり確立されている日本やドイツでは、その問題が他の国々よりも深刻になることは避けられないのではないでしょうか。

日本の大企業は淘汰・再編へ

さらに自動車産業にとって厄介なのは、ライバルは既存の自動車メーカーだけではないということです。グーグル（アルファベット）やアップル、アマゾンなどの巨大IT企業とも、これまでとは次元が違う競争をしていかなければならないのです。

自動車には「所有する価値」「移動する価値」「趣味的な価値」の3つがあるとされていますが、巨大IT企業の狙いは、デジタル技術を武器に新たに「共有する価値」を生み出すと同時に「所有する価値」「趣味的な価値」を廃れさせることによって、高収益をあげるビジネスモデルをつくりあげるということです。多くの産業では今や、ＩＴやＡＩの技術革新を土台にして、既存の産業を脅かすイノベーションが生まれやすい状況にあるというわけです。

電気自動車はパソコンに近くＩＴやＡＩの技術との親和性が高いので、所有を減らすことにつながるシェアリング（共有）経済に拍車をかける起爆剤になると考えられています。電気自動車はインターネットに常時つながり、シェアリングサービスを通して、「所有」から「共有」「利用」へと価値のベースが移っていくというのです。

さらにシェアリングサービスは、自動車そのもののシェアリング（カーシェアリング）だけではなく、乗ることのシェアリング（ライドシェアリング＝相乗り）という副次的な価値も生み出しています。自動車の稼働時間は1日のうちのわずかであるという理由から、カーシェアリングやライドシェアリングで事足りるという考えの人々が多数になれば、世界の自動車メーカーの経営環境は厳しい未来を免れることができないでしょう。

おまけに、自動車メーカーを脅かすイノベーションはこれだけにはとどまりません。グーグル（の子会社ウェイモ）はこれまで既存の自動車メーカーと真っ向勝負で自動運転車の開発を進めてきましたが、いよいよ自動運転車を使ったライドシェアリングの公道実験をアメリカで始めています。将来的には人件費がかからない低コストのライドシェアリングが実現し、一般の人々が自動車を所有する必要性がいっそう薄まっていくでしょう。

自動車は「所有するもの」から、「使いたい時に呼び出すもの」へ——そういう考え方が主流になる時代がやってくるのです。運転手が不要になる自動運転車のライドシェアリングであれば、コストの大部分を占める人件費が不要になるため、既存のタクシー業界は運賃ではとても太刀打ちできなくなるでしょう。

ボストンコンサルティングの予想によれば、2030年にはアメリカを走る自動車の4分の1が自動運転の電気自動車となり、そのほとんどがライドシェアリングに使われるということです。カーシェアリングやライドシェアリングの利用者が順調に増え続けていけば、先進国の自動車販売台数に大きな下押し圧力がかかるのは避けられず、20年後には新車販売台数は現在の半分以下に落ち込んでいるという事態も想定しなければなりません。

その帰結として、既存の自動車メーカーは現行のビジネスモデルでは事業を維持できなくなるため、世界的に自動車メーカーの淘汰・再編が進むのは不可避な情勢となっていくでしょう。iPhoneの登場によって日本の多くの電機メーカーが携帯電話事業からの撤退、売却・統合を余儀なくされましたが、将来的には大手自動車メーカーも、アメリカで2社、欧州で2社、中国で2社、日本で1社という形に再編されているのかもしれません。

20世紀に起きた自動車や航空機の誕生といったイノベーション（第2次産業革命）は、莫大な産業ピラミッドの集積が必要だったため、多くの良質な雇用を生み出すことができました。企業がイノベーションによって生産性を飛躍的に高めた結果、労働者の賃金も大幅に伸びることとなったのです。

これに対して、21世紀に入って起こっているイノベーション（第4次産業革命）は、既存の産業を次々と駆逐しながら、雇用も破壊していくという好ましくない性格を持っています。経済学の教科書通りに、「生産性を高めることによって、労働者の賃金が上がっていく」という理論は、もはや成り立たなくなっているのです。この現代におけるる破壊的イノベーションの隆盛を見ていると、すでにイノベーション、イノベーションと手を叩いて喜べるような時代ではなくなったといえるでしょう。

このような時代の流れのなかでは、たとえ日本を代表する大企業であっても、20年後、30年後に存続しているという保証はどこにもありません。たとえば、トヨタが電気自動車の開発競争で敗れるようなことがあれば、20年後、30年後には経営危機に陥っているかもしれないし、海外メーカーに吸収合併されているかもしれません。電気自動車、自動運転、シェアリング経済の進展によって、従来型の自動車産業の未来が決して安泰ではないことを示しているように、その他の業界でも同じような地殻変動が次々と起こる可能性が高まってきています。

今のところ、誰もが将来も安泰だと思っている「就職希望ランキング」の上位企業、たとえば、ソニーやみずほフィナンシャルグループ、日本航空といった大企業が、これから起こる時代の大きな変化によっては、第二の東芝・第二のシャープになってしまっても何ら不思議なことではありません。

2018年3月に創業100周年を迎えた、日本を代表する名門企業パナソニックの社長・津賀一宏氏は次のように危機感を募らせています。

「創業者が元気だったころは順調に発展してきた。最近20年間は韓国・中国勢との価格競争に巻き込まれ、必ずしも順調だったとは言えない。今までの家電の延長線上だ

けでは次の１００年どころか10年も安泰でない」（日本経済新聞２０１８年1月27日）
遅かれ早かれ、日本で根強い大企業信仰は終わりを迎えることになるでしょう。

第5章　２０２０年以後の日本の賃金

——増税・ドル円相場・原油価格から考える

名目賃金「微増」にだまされてはいけない

少子高齢化という病を抱えた日本において、これから私たち国民の所得は増えていくのでしょうか。それとも下がっていくのでしょうか。

グローバル経済が本格的に始まった時期にあたる2000年以降、2017年までの「名目賃金」（名目賃金を指数化したものを名目賃金指数というが、単に名目賃金と呼ぶことが多い）を振り返ってみると、賃金のトレンドは2000～2004年まで大幅に下がり続けた後、2007年まではほぼ横ばいにとどまり、2008～2009年のリーマン・ショック期に再び大幅に下落、その後の2017年までは何とか横ばいで踏ん張っていることがわかります。ただし、2014～2016年までの名目賃金は3年連続で微増とはいえ増えているので、2017年は微減に転じているとはいっても、そのトレンドは「いよいよ上昇基調に転換したのか!?」という期待感を抱かせてくれるのかもしれません（図表5－1参照）。

しかしながら、物価の変動率を考慮に入れた「実質賃金」（名目賃金指数を消費者物価指数で除して算出したものを実質賃金指数というが、単に実質賃金と呼ぶことが多い）の推移を見

図表5-1　日本の名目賃金と実質賃金の推移（2000〜2017年）

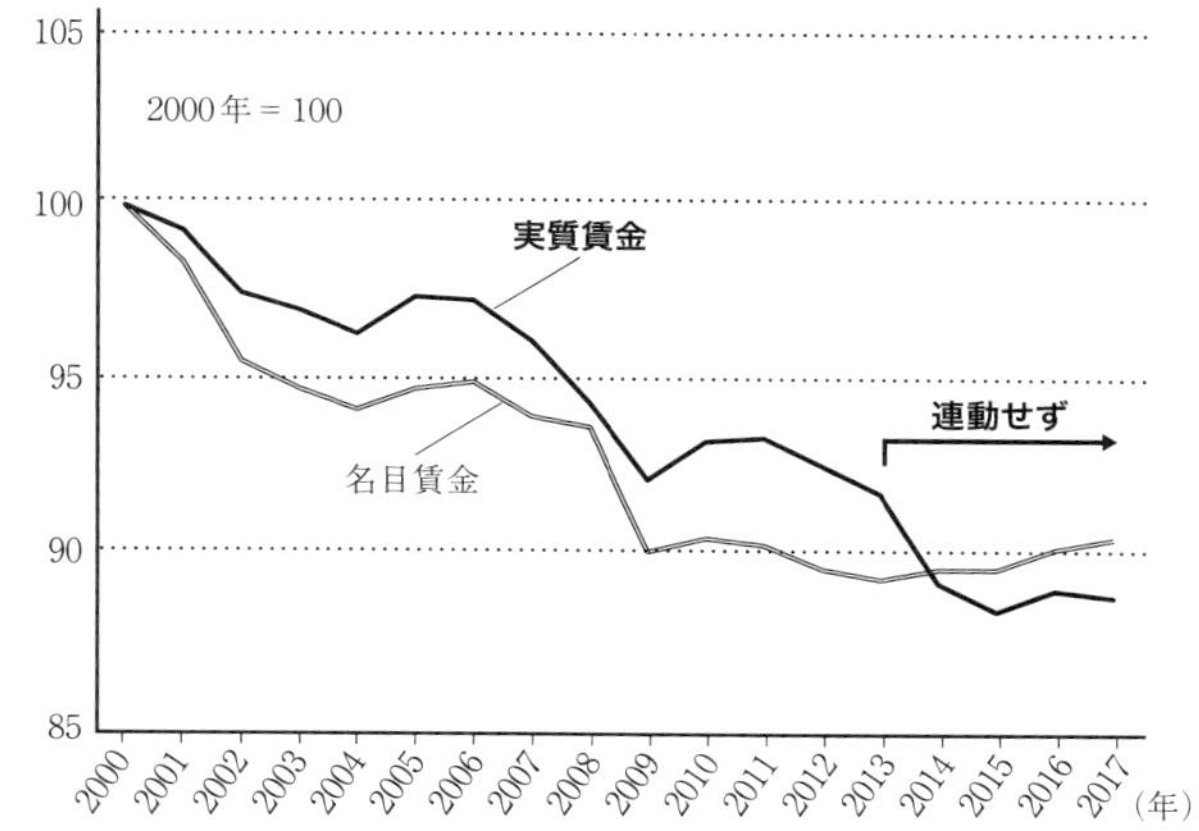

※名目賃金、実質賃金ともに「事業所規模5人以上」、「現金給与総額」の数字。
出典）厚生労働省「毎月勤労統計調査」

てみると、その期待感が実は間違っていることにすぐに気づかされます。実質賃金は２０００年以降、名目賃金とほぼ連動する動きをしてきたのですが、２０１３年以降はその連動性が崩れてしまっているからです。

　円安によって物価の上昇が顕著であった２０１３〜２０１５年までの３年間の実質賃金の下落幅は、リーマン・ショック期に匹敵するほどの落ち込みを記録しています。要するに、円安によって企業の収益が飛躍的に高まった一方で、国民の賃金上昇は物価上昇に割り負けしてしまい、購買力はいっそう落ち込むことになったというわけです。第1章でも指摘したように、日本は戦後2番目の長さの景気拡大が続いているとはいっても、各種世論調査において国民の約8割が「景気回復を実感できない」と答えているのは、当然のことといえるでしょう。

それでは、2020年代以降、私たちの所得はどのように推移していくと考えられるのでしょうか。

私たちが本当に豊かになったと感じるのは、「可処分所得」が増加するか、実質賃金が上昇するか、いずれかのケースであると考えられます。会社員の給与明細書に掲載されている総支給額は、経済統計では「現金給与額」と呼ばれています。現金給与額の定義は、「賃金、給与、手当、賞与などの総額」のことをいいます。

これに対して可処分所得とは、「賃金、給与、手当、賞与などの総額から、所得税、住民税、社会保険料などを差し引いた手取りの金額」のことをいい、自由に使える正味の所得を意味しています。また、可処分所得は広い意味では、「可処分所得から消費税の負担を差し引いた金額」を指していることもあり、その場合は実質的な可処分所得を示していると理解する必要があります。

ですから、私たちが将来の所得を考える時には、現金給与額より可処分所得がどうなっているのかを論じるほうが適当であると思われます。そこで、２０２０年代以降の可処分所得がどうなっているのかというと、かなり高い確率で現時点の２０１７年よりは下がっているだろうと予測することができます。

その理由というのは、第2章でも見たように、これからの国や地方の財政が逼迫《ひっぱく》し続ける状況においては所得税、消費税などの税金だけではなく、年金保険料、健康保険料などの社会保険料の増加傾向が続きそうだからです。景気回復期に入る前の２０１２年度と景気回復期に入っていた２０１５年度を比べてみると、すべての労働者に支給された雇用者報酬は10・４兆円増えたにもかかわらず、可処分所得はその半分ほどの５・９兆円しか増えていなかったのです。

可処分所得の伸びが抑えられたのは、所得税、消費税などの税金と年金保険料などの社会保険料の負担が増加したためです。大企業の収益が2年連続で過去最高を更新していた時期においても、労働者全体の可処分所得の増加率が１％程度、おまけに一人あたりの可処分所得ではほとんど増えていないとあっては、この先に明るい見通しを持つことができません。

いよいよ中所得層も所得増税の対象へ

まずは、所得税、消費税などの増税の流れについて見ていくと、みなさんもご存知のように、日本の所得税は所得が高い人ほど多く税金を支払う累進課税（5〜45％の7段階）の仕組みをとっています。たとえば、会社員（会社役員を含む）の所得税の計算は、はじめに年収といわれる「収入金額」から、必要経費とみなされる「給与所得控除」を差し引いて、「所得」を出します。

次にその所得から、社会保険料控除、生命保険料控除、配偶者控除などの「所得控除」を差し引いて、「課税所得金額」を出します。最後にその課税所得金額に応じて、税率を掛けたものが「税額」となるのです（ちなみに住民税の計算は、課税所得金額に一律で10％の税率を掛けたものが税額となります）。

2000年以降の統計を子細に見ていくと、定期的な所得税制の改正があるたびに、年収1000万円超の高所得層の税負担が増加の一途をたどってきたということがわかります。そういった背景には、低所得層や中所得層への増税は反発が強く難しいため、「取りやすいところから取る」という発想で税制の改正を繰り返してきたという事実があります。高所得層への所得増税は具体的には、従来は年収に応じて逓増《ていぞう》

図表5-2　給与所得控除の変遷

<table>
<tr><th>給与等の
収入金額</th><th>2012年分</th><th>2013年分～
2015年分</th><th>2016年分</th><th>2017年分以後</th></tr>
<tr><td>1,500万円超</td><td rowspan="3">収入金額×5％
＋170万円</td><td>245万円
（上限）</td><td rowspan="2">230万円
（上限）</td><td rowspan="3">220万円
（上限）</td></tr>
<tr><td>1,200万円超
（1,500万円以下）</td><td rowspan="2">収入金額×5％
＋170万円</td></tr>
<tr><td>1,000万円超
（1,200万円以下）</td><td>収入金額×5％
＋170万円</td></tr>
<tr><td>660万円超
（1,000万円以下）</td><td colspan="4">収入金額×10％＋120万円</td></tr>
<tr><td>360万円超
（660万円以下）</td><td colspan="4">収入金額×20％＋54万円</td></tr>
<tr><td>180万円超
（360万円以下）</td><td colspan="4">収入金額×30％＋18万円</td></tr>
<tr><td>180万円以下</td><td colspan="4">収入金額×40％（65万円に満たない場合には65万円）</td></tr>
</table>

出典）国税庁

的《てき》に控除が増加する仕組みだった給与所得控除に上限額を設けると同時に、その上限額を段階的に引き下げることによって進められてきました（図表５－２参照）。

　過去５年だけを振り返っても、高所得層の給与所得控除の上限額を、２０１３年からは年収１５００万円超の２４５万円に引き下げたのに続いて、２０１６年からは年収１２００万円超の２３０万円に引き下げています。さらには、２０１７年からは年収１０００万円超の２２０万円にまで引き下げたため、現時点では１０００万円超の高所得層に対して、負担の偏りが顕著に表れているのです。

おまけに、給与所得控除の上限額の引き下げに加えて2015年以降、課税所得金額1800万円超は一律40%だった税率が、4000万円超からは45%にまで引き上げられました。

その結果として、2015年の統計では、年収1000万円超の高所得層は209万人で全体の4・3%にすぎないものの、所得税額は4兆4298億円と全体の50・2%を占めるまでに増大しています。年収1000万円超が全体の5・7%、所得税額が全体の41・3%を占めていた2000年と比べると、年収1000万円超の人数自体は減っているなかで、所得税額に占めるシェアがむしろ上がっている状況が浮き彫りになっているのです。

たとえば、夫婦のうち一人が働いて子どもが二人いる4人世帯においては、年収が900万円から1000万円に増える時の負担が特に重いといわれています。社会保険料を含めた試算に基づけば、年収が100万円増えたとしても可処分所得は半分の50万円も残らないというのです。

そのように高所得層の重税感が限界に近づいている状況下で、2017年12月になって、年収850万円超の会社員までもが所得増税の対象になることが決定しました。

2020年以降の給与所得控除の上限額が、現在の年収1000万円超の220万円から、年収850万円超の195万円に引き下げられるというのです。家族に22歳以下の子どもや介護が必要な親がいる人は増税の対象から外すそうですが、増税の対象者は年収900万円で1万5000円、1000万円で4万5000円、1500万円で6万4500円といった具合に、税額がアップするということです。

このままの流れに従えば、やがて800万円超、700万円超の比較的高い所得層は当然として、600万円超や500万円超の中所得層まで所得増税の波が押し寄せることになるでしょう。

2019年に消費増税、その他の増税・新税も続々

所得税の増税の流れにかぎらず、少子高齢化が一段と進む今後において、消費税の税率も現在の8%のままというわけにはいきません。予定通りに2019年10月に消費税率を10%に引き上げたとしても、消費者全体の負担がいっそう重くなっていく流れを変えることはできないでしょう。

そもそも、1965年には現役世代9・1人で65歳以上の高齢者一人を支えていたので、現役世代一人あたりの負担は大して重くはありませんでした。ところが、2012年には2・4人で一人を支えるまでに負担が重くなり、さらに2050年には1・2人で一人を支えるという社会が訪れようとしています。所得税の増税が中所得層にも拡がろうとしているなかで、社会保障システムを持続するためにはむしろ、消費税に依存する度合いは高まらざるをえないでしょう。10年後～20年後には、消費税は少なくとも13～18％ぐらいに上がっていても不思議ではありません。

国民の負担が増すのは、所得税や消費税の増税だけではありません。社会保障とは直接関係ない税金の増税や新設が相次ぐ見通しにあります。たばこ税では紙巻きたばこが2018年10月から4年かけて1箱あたり最大60円の増税になり、加熱式タバコも2018年10月から5年かけて紙巻きタバコに課せられている税金の7～9割にまで引き上げるといいます。

さらに、2019年1月からは国際観光旅客税という新しい税金が新設され、日本を出国するビジネスパーソンや訪日外国人観光客などは一人あたり1回1000円の負担を求められるようになります。また、2024年度からは森林環境税という新税が住民税に一人あたり年間1000円を上乗せして課税されることも決まっています。当然のことながら、新税が1000円という単位ならば多くの国民が反発するリスクは抑えられるので、これからもこういった単位の新税がいくつも誕生する可能性が高いでしょう。

自公政権の「100年安心できない」制度

社会保険料の増額の流れについては、先に述べた各種の増税よりも負担が大きいものとなりそうです。年金や健康保険、介護保険などの社会保険料は、老後の生活に備えたり、病気になったり、自立して生活できなくなったりといったリスクに備えることが目的となっています。消費税率を引き上げようとすれば世論をあげて大騒ぎになり、政治家は目先の選挙を意識してできるだけ引き上げを先送りにしようとします。

ところが、「社会保険料＝税金」という意識が国民の間では薄いため、引き上げてもあまり大きな問題として取り上げられません。というのも、会社員の社会保険料は給与から天引きされるので、給与明細のなかの厚生年金や健康保険の徴収額が増えていることに気づいていない人も多いようです。たとえ気づいていたとしても、決して自ら納めに行くことがないので、負担額が増えても実感しづらいという側面もあります。

ですから、社会保険料は本質的に税金と同じであるにもかかわらず、会社員は増税への反発の声が弱くなる傾向にあり、着実に引き上げ続けることができるため、政治もまずは会社員にしわ寄せが起こるのをわかったうえで、増税をしようとするわけです。

国は2004年の年金制度の改正において、「保険料を2004～2017年まで14年にわたって引き上げ続ける代わりに、所得代替率50％を維持できる100年安心の制度をつくる」と国民に約束しました。

その結果として、会社員が入る厚生年金の保険料率は2004年1月に給与の13・58％でしたが、最後の引き上げとされる2017年9月には18・3％まで上昇しています。年金制度とは関係ないものの、同じ期間の健康保険の保険料率（協会けんぽ平均・介護保険も含む）も9・31％から11・5％にまで上昇しています。

さらには、厚生年金や健康保険と比べて料率は微々たる雇用保険や労災保険も含めると、全体の社会保険料率は25・14％から31％まで上昇していて（これを労使で折半して納める）、会社員が天引きされる社会保険料は実に給与の15％を超えるまでになっているのです。

国は今のところ、厚生年金の保険料率は今後も現在の18・3%に固定されると公表していますが、はたして本当に保険料率の引き上げは終わりになるのでしょうか。これから少子高齢化が本格化していくというのに、そんなわけがないのではないでしょうか。実際、厚労省は年金制度が持続可能かどうかを検証する2014年の財政検証において、現実離れした賃金上昇率や物価上昇率を前提として、所得代替率50%を維持できるというシナリオを示しています。これは裏を返せば、高い経済成長率が実現できない場合には、現行の年金制度では所得代替率50%を維持できないということを明らかにしたものです。国が厚生年金の保険料率を再び引き上げたいと口にするのは、もはや時間の問題でしょう。

今後20年の社会保障費の伸びを考えれば、厚生年金は25%（現在は18・3%）、健康保険は15%（現在は11・5%）まで保険料率が上がり、雇用保険や労災保険を含めた社会保険料全体の料率は40%を超えているのではないでしょうか。

すなわち、給与の20%を超える保険料が天引きされる時代がやってくるのです。年金保険や健康保険は労使折半の負担となっているので、両保険料の増加傾向は個人の財布だけでなく、企業の業績にも悪影響を与えます。企業から見れば、保険料の負担増は賃上げと同じ意味合いを持っているので、企業はいっそう賃上げに消極的になっていかざるをえないでしょう。

国民年金も国民健康保険も増額は必至

自営業者などが加入する社会保険は、国民年金と国民健康保険です。これらの保険料は会社員のように給与から差し引くことができないので、自分で銀行や口座振替などで支払うことになります。

先の2004年の年金制度改正によって、国民年金の保険料は2004年度の月額1万3300円（年額15万9600円）から、2017年度の月額1万6490円（年額19万7880円）まで引き上げられています。その増加率は24％にもなっていて、一見すると引き上げへの反発は強いと思われますが、厚生年金と比べると絶対額が少ないうえに、支払う人が少ないという事情があるため、意外に反発は少ないのです。

加入者が納めるべき保険料のうち、実際に支払われた割合を示す納付率は2016年度が65％だったということですが、低所得者や学生など保険料の支払いを免除・猶予されている人は納付率の計算から除外されています。それらを含む加入者全体での実質的な納付率は40・5％にとどまっているのです。

国は厚生年金と同じように、国民年金の保険料引き上げは２０１７年4月を最後とすると公表していますが、これも決して額面通りには受け取ることはできません。真面目に支払っている人にしわ寄せがくる制度を放置したまま、保険料を再び引き上げる動きが出てくるのは間違いないでしょう。普通に考えれば10～20年後には、月額2万円～2万５０００円（年額24万～30万円）まで増額されているのではないでしょうか。

そこまでしても国民年金は、国が目指している「所得代替率50％を維持できる１００年安心の制度」とは到底呼ぶことのできないシロモノにしかなりません。なぜなら、自営業の人で国民年金にしか加入していなかった場合、たとえ保険料を40年間支払い続けたとしても、満額で月額6万５０００円程度（年額77万９３００円）しか受け取ることができず、その程度の給付では基礎的な生活費をすべて賄《まかな》うことはできないからです。老後に備えて相応の貯蓄をしておかなければ、生活保護に依存する可能性が非常に高いという現実があるのです。

地方自治体が運営する国民健康保険（40歳以上が負担する介護保険を含む）も、その保険料（保険税としている自治体もある）は増加の一途をたどってきています。その増加の様子を端的に表しているものとして、最高限度額の引き上げの度合いを見れば一目瞭然です。２０００年度に年60万円だった40歳以上の国民健康保険料の最高限度額は、２０１６年度には年89万円（48％増）にまで引き上げられ、２０１８年度からは年93万円（55％増）への引き上げが予定されています。４人世帯で40歳以上が２人いる場合、年収７００万円になると限度額に達してしまうのです。

ただし、年収５００万円で年64万円、年収３００万円で年42万円、年収１００万円でも年20万円という保険料を見てもわかるように、低所得層から中所得層にとって、年金所得者を含め無職層が多い国民健康保険はどの税金や社会保険料よりも重税感が大きいといえるでしょう。その意味では、国民健康保険料の引き上げはあと１回か２回が限界ではないかと考えるのが妥当です。

可処分所得が10％も減ってしまう？

日本は高齢化の進展により、今現在でも年金や医療、介護にかかる費用が増え続けています。さらには、１９４７〜１９４９年生まれの団塊世代がすべて75歳を迎える

2025年以降、社会保障費の増加が加速することが避けられない情勢となっています。厚生労働省の試算によれば、年金給付費は2015年度の56・5兆円から2025年度には60・4兆円（6・9％増）にとどまるといいますが、とりわけ医療費と介護費の伸びは大きく、医療費は2015年度の39・5兆円から2025年度には54兆円（36・7％増）に、介護費は10・5兆円から19・8兆円（88・6％増）になるということです。社会保障全体でかかる費用は119・8兆円から148・9兆円（24・3％）の増加になる見通しです。

2025年以降も20年近く、高齢者の割合や高齢者数そのものが増え続けていくのですから、どうしても足りない社会保障費を賄うためには、税金や社会保険料を上げ続けていく以外に選択肢はありません。

たとえ会社員の退職年齢を65歳から70歳まで引き上げたとしても、たとえ高齢者の医療費の窓口負担を1割増やしたとしても、社会保障費が膨張する流れを大きく変えることはできませんし、増税や社会保険料の引き上げも避けることはできないでしょう。

こうした暗い見通しのなかで、残念ながら今後、国民の現金給与額（これを指数化したものが「名目賃金」）はおそらく、ほとんど上がっていくことはないでしょう。

なぜなら、景気拡大期に入った2013～2017年にかけてすでに5年が経ったというのに、その間の現金給与額はわずかに1・0％しか伸びていないからです。2000年以降の名目賃金の推移を振り返ってみると、景気拡大期にはあまり上昇しない一方で、景気後退期には大きく下落する傾向が見て取れます。景気後退期の下落分を景気拡大期の上昇分で埋めることがまったくできていない状況なのです。

詳しくは第1章で触れましたが、東京オリンピックが開催される2020年前後には景気後退期に入っている可能性が高いことを考えると、10～20年後の名目賃金が2017年の水準を上回っているのかどうかも非常に疑わしいといえるでしょう。また、ここまで述べてきたように、名目賃金がほとんど上がっていない状況において、増税や社会保険料の引き上げが確実に行われていくので、可処分所得は5～10％程度減っていると考えるのが妥当な線になるというわけです。

さらには、一般的には可処分所得の計算には含まれない消費増税やその他の新税も加味すれば、広い意味での実質的な可処分所得は10～20％程度の減少が避けられないと覚悟する必要があるのです。

円安はインフレ税である

本章の冒頭では、「私たちが本当に豊かになったと感じるのは、「可処分所得」が増加するか、実質賃金が上昇するか、いずれかのケースである」と述べましたが、ここまでの内容を振り返ってみると、10年後にしても20年後にしても、可処分所得が増加していくという展開はまったくといっていいほど期待できないことがわかってもらえたと思います。

それでは次に、可処分所得に関する記述はひとまず脇に置いて頭のなかをクリアにしたうえで、10年後、20年後の実質賃金がどうなっているのかということについて考えてみましょう。

経済メディアのお決まりの説明によれば、実質賃金よりも名目賃金のほうが生活実感に近いといわれていますが、私は少なくとも日本人にとってはその説明は当てはまらないと確信しています。というのも、日本人の消費の動向は実質賃金の増減に大きく左右されていることが明らかになっているからです。

現に、実質賃金と個人消費のグラフを重ねて相関関係を検証すれば、実質賃金が大幅に下落した時にのみ個人消費が減少するという傾向がはっきりと表れています（図表

図表5-3　実質賃金と個人消費の推移（2000～2017年）

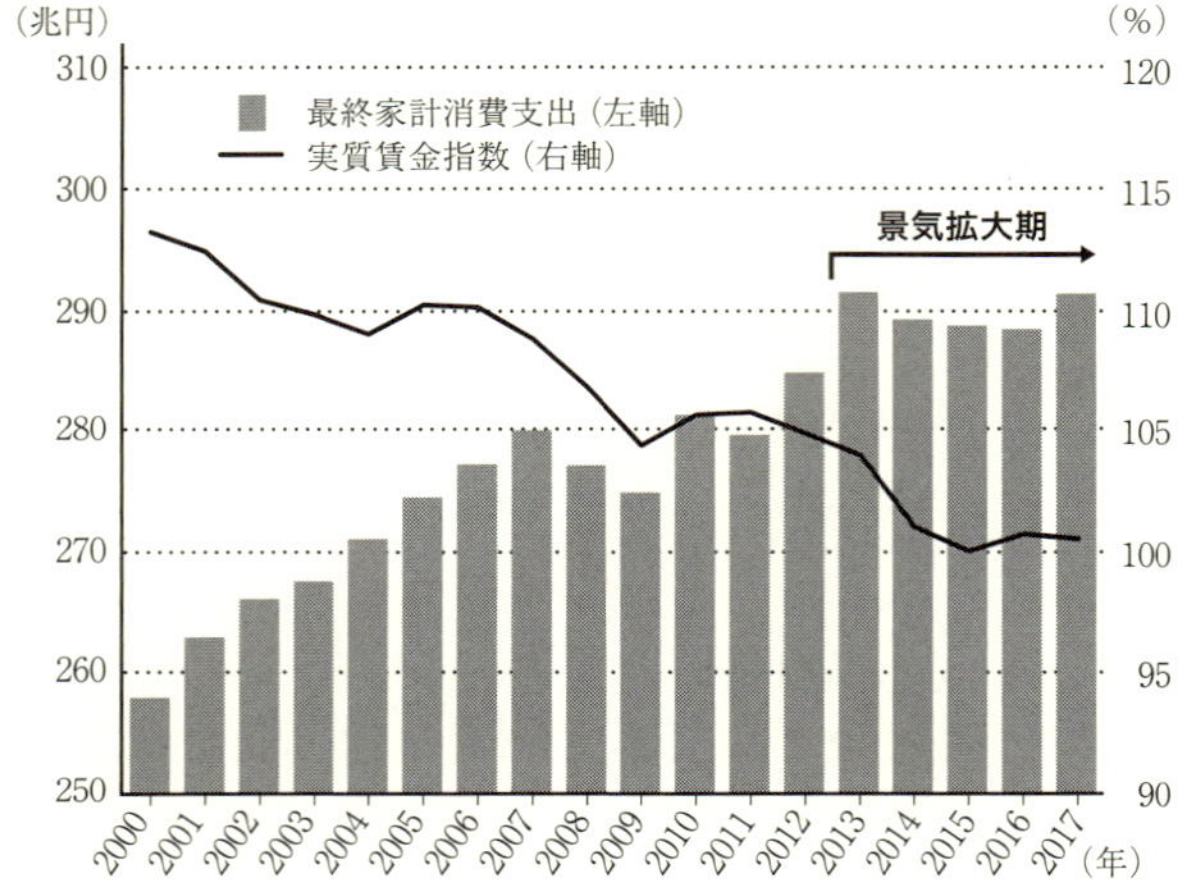

出典）内閣府「国民経済計算」、厚生労働省「毎月勤労統計調査」

5－3参照）。とりわけ2013年以降は名目賃金と実質賃金の連動性がまったくなくなったことにより、かえって実質賃金と個人消費の関係がわかりやすくなったというわけです。

2013年以降の過去5年間の実質賃金の推移を振り返ってみると、2013年は0・9%減、2014年は2・8%減、2015年は0・9%減と3年連続で減少を続けた後、2016年には0・7%の増加に転じたものの、2017年には再び0・2%の減少へと逆戻りしています。

注目していただきたいのは、日本

は第2次安倍内閣が発足した2012年12月から景気拡大期に入っているにもかかわらず、2013〜2015年の実質賃金の下落幅は累計して4・6ポイントにまでなっていて、この下落幅は2008〜2009年のリーマン・ショック期に匹敵していたということです。おまけに、2015年の途中までは累計した下落幅が5・0ポイントを超えていて、リーマン・ショック期を凌駕していた時期もあったほどなのです。

そのことを踏まえたうえで過去の個人消費を顧みると、1990年代に日本のバブルが崩壊して以降、個人消費がマイナスになったのは、金融システム危機で貸し渋りが強まった1998年、リーマン・ショック期の2008〜2009年、東日本大震災のあった2011年、そして実質賃金が大幅に下落した影響の残る2014〜2016年の計7年間だけです。

ここで重大であると意識しなければならないのは、個人消費が3年連続でマイナスになったのは、終戦直後にまでさかのぼっても2014〜2016年の1回しかないということです。

なぜ2013〜2015年の実質賃金が世界金融危機時と同程度の落ち込みを見せ、2014〜2016年の個人消費を戦後最長の水準まで減少させたのかというと、同じ期間に名目賃金がたったの0・1%しか増えていなかった一方で、ドル円相場で大幅な円安が進行したことで輸入品の価格が大幅に上昇してしまったからです。

つまり、円安インフレにより食料品やエネルギーなど生活に欠かせないモノほど値上がりが顕著になったので、多くの世帯で家計を預かる主婦層は、それらのモノの値上がりには敏感に反応せざるを得ず、実質賃金の下落を肌でひしひしと感じながら、いっそう節約志向を強めることになったというわけです。

実質賃金と個人消費に強い相関関係が認められる今となっては、経済学者も経済官僚も「名目賃金が国民の生活実感に近い」という間違った常識を改めて、いかに実質賃金を上昇させていくのかという発想を取り入れて、国民の生活水準の向上を考えていかねばならないでしょう。

たしかに、円安によって企業は収益を大きく伸ばし、一見すると日本経済は明るさを取り戻したようにも見えます。しかし実際には、円安が原因で輸入インフレが起きており、国民の実質的な所得が減ってしまっているのです。賃金の上昇を上回るインフレは、見方を変えれば、隠れた税金であるということができます。国民は円安によりインフレ税を支払い、そのインフレ税はアップルやマイクロソフトなど輸入元の海外企業の利益に化けているのと変わりがないのです。

実のところ、経済のグローバル化が進んだ2000年以降、リーマン・ショック期といった経済危機時を除いて、「為替相場が円安傾向の時＝消費者物価は上昇・実質賃金は減少」「為替相場が円高傾向の時＝消費者物価は下落・実質賃金は増加」という強い関係性を見出すことができます。現に、

為替相場　2013〜15年が円安、2016年が円高、2017年が円安
消費者物価　2013〜15年が上昇、2016年が下落、2017年が上昇
実質賃金　2013〜15年が減少、2016年が増加、2017年が減少

というように、見事なほど連動していたのです。

適正なドル円相場とは

ここで、今後の実質賃金がどうなっているのかという本題に話を戻すと、10〜20年

といった長期的なスパンで見て、ドル円相場が2017年末と比較してどの程度の円高水準あるいは円安水準に収斂《しゅうれん》していくのかという点に尽きると思います。

それでは、近年100～120円の水準で落ち着いているドル円相場は、どのくらいまで高くなるのでしょうか。あるいは安くなるのでしょうか。言い方を換えれば、10年後、20年後のドル円相場はどのあたりが適正な水準になるといえるのでしょうか。

長期的なドル円相場の傾向を見るうえで、私が重視する判断基準は、「購買力平価で見るとどうなるか」ということです。「購買力平価」とは、その国の通貨でどれだけのモノを買えるかという購買力を基準にして、その時の為替相場が高いのか安いのかを見極めるための物差しのようなものです。

短期および中期の相場予測には向かないものの、長期の相場動向を予測するうえでは非常に有効な判断基準になります。ドル円相場を短期または中期に左右するのは、日米の経常収支や金利差ですが、長期的な流れを左右するのは、何よりも購買力平価をおいて他にないのです。

適正なドル円相場を考えるうえでは、アメリカと日本の2ヵ国間の物価動向を比べ、通貨の相対的な価値を測るという方法があります。物価動向を比べるためによく知られているのは消費者物価指数（ＣＰＩ）ですが、未来のドル円相場を見る場合、企業物価指数（ＣＧＰＩ）のほうが適当であるといえます。消費者物価は対外競争力とは直接関係しない非貿易財を多く含んでいるため、実勢の為替レートとの乖離《かいり》が大きくなってしまうという問題点があるのです。

ですから、貿易財をより多く含む企業物価をもとに試算した購買力平価のほうが、指標としてははるかにすぐれているというわけです。

その企業物価の推移を見てみると、日本の企業物価指数にあたる２０１７年12月のアメリカの数値が２０００年12月と比べて43・３％も上昇しています。すなわち、この間にドルの購買力が43・３％も下落したことになります。

これに対して、日本では２０１７年12月の企業物価指数は４・１％上昇しているので、円の購買力はわずかに４・１％下がったことになっています。日米の企業物価動向を反映すると、長期的なドルの価値は円に対しておよそ39・２％下落しているはずだと考えられるわけです。

購買力平価が長期的にドル安円高の方向に動いているのは、過去20年においても、過去30年においても、アメリカの物価上昇率が日本の物価上昇率より高い状態がずっ

図表5-4　米ドル／日本円相場と購買力平価の推移

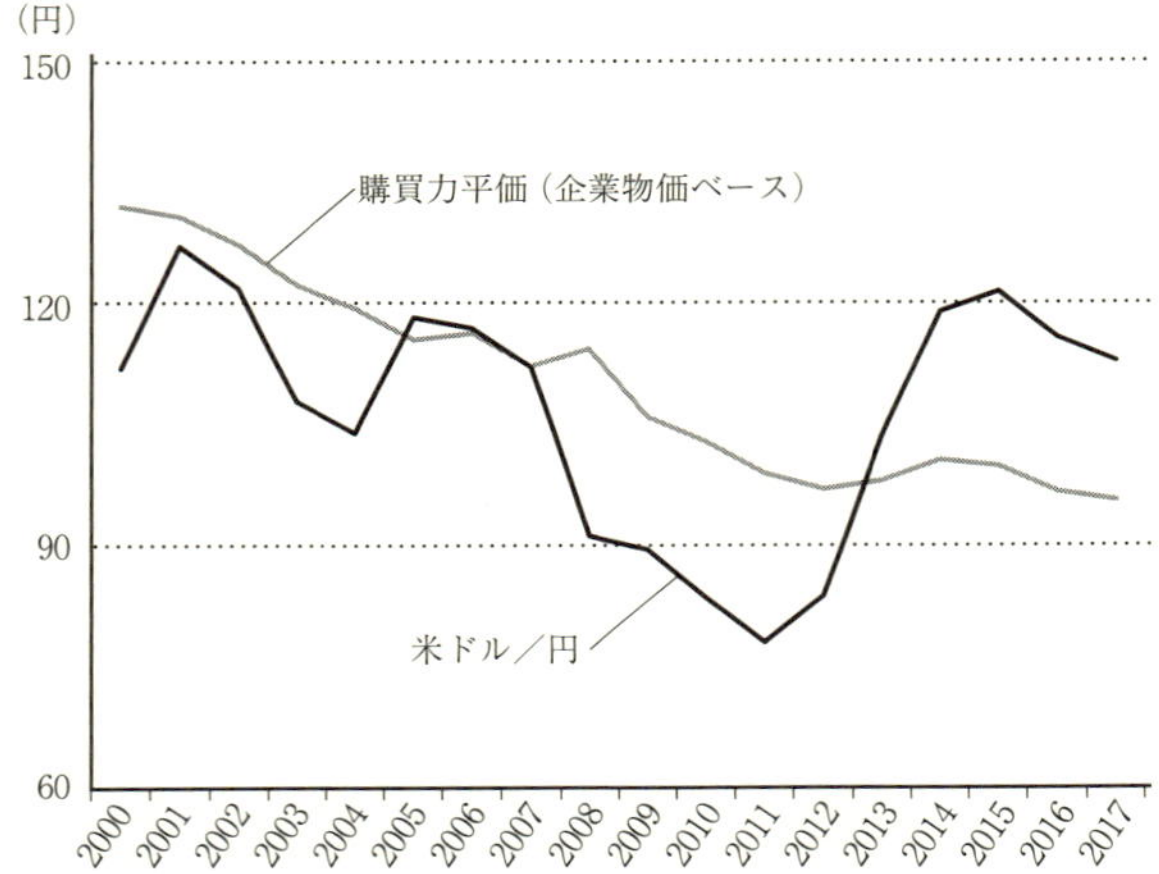

出典）公益財団法人国際通貨研究所

と続いていて、ドルの円に対する価値が落ち続けたことを示しているからです。過去における実際のドル円相場も、数年単位では激しい動きをしながらも、結局のところ、長期的には購買力平価のトレンドに回帰することを繰り返してきました（図表5－4参照）。その意味では、インフレが進む国の通貨価値は下がり、逆にデフレが進む国の通貨価値は上がるという購買力平価の考え方は、とても説得力があるといえるでしょう。

要するに、10年後、20年後の購買力平価の適正な水準を推し量ることができれば、少なくとも将来の実質賃金に追い風が吹くのか、向かい風が吹くのかを見通すこともできるのです。

請負経済（ギグ・エコノミー）の弊害

そこで、企業物価をもとにした購買力平価が過去にどのように推移してきたのかを見てみると、

1980年12月	235円18銭
1990年12月	168円01銭
2000年12月	132円23銭
2010年12月	102円54銭
2017年12月	95円42銭

というように、一貫して円高の方向へと進み続けてきました。ただし、1980～1990年の10年では購買力平価が1年あたりで6円71銭も円高水準へと変動したのに対して、1990～2000年の10年では3円57銭、2000年～2010年の10

年では2円96銭、2010〜2017年の7年では99銭へと、1年あたりの円高水準への変動幅が縮小してきているという点には注意を払うべきです。

購買力平価の円高への進展が2010〜2017年では1年あたりで1円にも満たなかったのは、2010年以降にITビジネスの拡大や新しい形態の経済の誕生によって、アメリカで物価や賃金がかつてのように上がらなくなっているという事情があります。第3章でも述べたように、アマゾンが新しい小売りの分野に進出するたびに、その分野では激しい低価格競争が起こり、物価に下押し圧力がかかるようになっています。インターネット通販の急成長によって、日本のデフレの原因とされてきた低価格競争がいよいよアメリカでも本格化してきているのです。

さらには、ネット経由で単発の仕事を依頼したり、受注したりする請負経済《ギグ・エコノミー》の市場がアメリカを中心に先進国で広がってきています。請負経済がギグ・エコノミーといわれるゆえんは、「バンドの一夜限りの演奏《ギグ》」から「単発の仕事」という意味に転じて使われるようになったからです。

アメリカではギグ・エコノミーに従事する人々が1億人を超えるとされ、組織に縛られない自由な働き方をするというメリットが強調される反面、収入や待遇が不安定なために労働問題としてクローズアップされてきています。実質的には日雇いと変わらないギグ・エコノミーが、賃金の伸び悩みの主要因のひとつとなっているわけです。

経済学の常識では「失業率が下がれば賃金が上がる」とされていますが、アメリカではネット通販やギグ・エコノミーが普及しはじめた影響もあり、失業率が完全雇用とされる5％を下回っているというのに、物価や賃金が思うように上昇していない状況が続いています。イノベーションの進展に伴い、ネットを通じて安いモノや労働力の供給が増えたことで、アメリカは物価や賃金が上がりにくい経済構造に変化してしまっているのです。単純な仕事から高度な仕事にわたってＡＩ化・機械化が進んでいく流れのなかで、ギグ・エコノミーやシェアリング・エコノミーの拡大まで相まって続いていくとすれば、賃金や物価が上がらない経済構造はよりいっそう強化されていくことになるのではないでしょうか。

そのようなわけで私は、日本とアメリカの物価上昇率の差は１％未満に縮小する状況が慢性化するのではないかと考えています。購買力平価が円高に変動するのは、１年あたりでせいぜい50銭程度ではないかと見積もっているのです。そのような見通しに立てば、購買力平価は10年後に90円42銭（２０１７年12月末の95円42銭から5円の円高）、

20年後に85円42銭（10円の円高）と、過去の変動幅に比べて大して動かないだろうというわけです。

２０１７年12月末のドル円相場１１２円64銭から計算すれば、10年後のドル円相場の適正水準は約22円の円高が進んだ水準、20年後は27円の円高が進んだ水準であるので、物価の押し下げ効果は３％程度、すなわち実質賃金の押し上げ効果は３％程度に収まるといえるでしょう。

長期的な原油価格が賃金に与える影響

実をいえば、実質賃金に大きな影響を与える要素がもうひとつあります。それは、原油価格です。ドル円相場が大きく動かないという前提に立てば、原油価格は物価動向に大きな影響を与えることが間違いないからです。

実際に、２０１４年10月～２０１６年２月まで原油価格の下落が進んだおかげで、２０１５年のアメリカの消費者物価の上昇率はほぼゼロとなり、卸売物価指数にいたってはマイナス０・９％と戦後最大の下落率を記録しています。その結果として、２０１５年のアメリカの家計所得の中央値は５万６５１６ドルと５・２％増加し、その増加率は１９６７年の調査開始以来で最大となったのです。原油価格の下落は天然ガスなど他のエネルギー価格の下落にも直結し、家計や企業が減税を受けているのと同じ効果をもたらしていたというわけです。

それでは、なぜ日本では２０１５年の実質賃金が０・９％下落したのかというと、２０１３〜２０１５年に進行した円安によって、原油安の効果がほとんど相殺《そうさい》されてしまっていたからです。それは裏を返せば、幸運にも原油安の恵みがあったからこそ、２０１３〜２０１５年の実質賃金の下落幅が４・６ポイントで済んでいたということができます。２０１４年10月からの原油安がなかったとしたら、実質賃金の下落幅はリーマン・ショック期をゆうに上回る６・０ポイントにまで達してしまっていたかもしれないのです。当時、日銀の黒田総裁は「原油安のせいで、物価上昇目標が達成できない」と嘆き節を繰り返していましたが、本当のところは、原油安の効果が輸入インフレを抑え込み、実質賃金が２０１５年半ばから下げ止まる大きな要因となっていたというわけです。

そういった意味では、今後の原油価格の動向が気になってくるところですが、私は10年後も20年後も原油価格は物価に大きな影響を及ぼすことができないだろうと考え

図表5-5　原油価格（WTIスポット価格）の推移

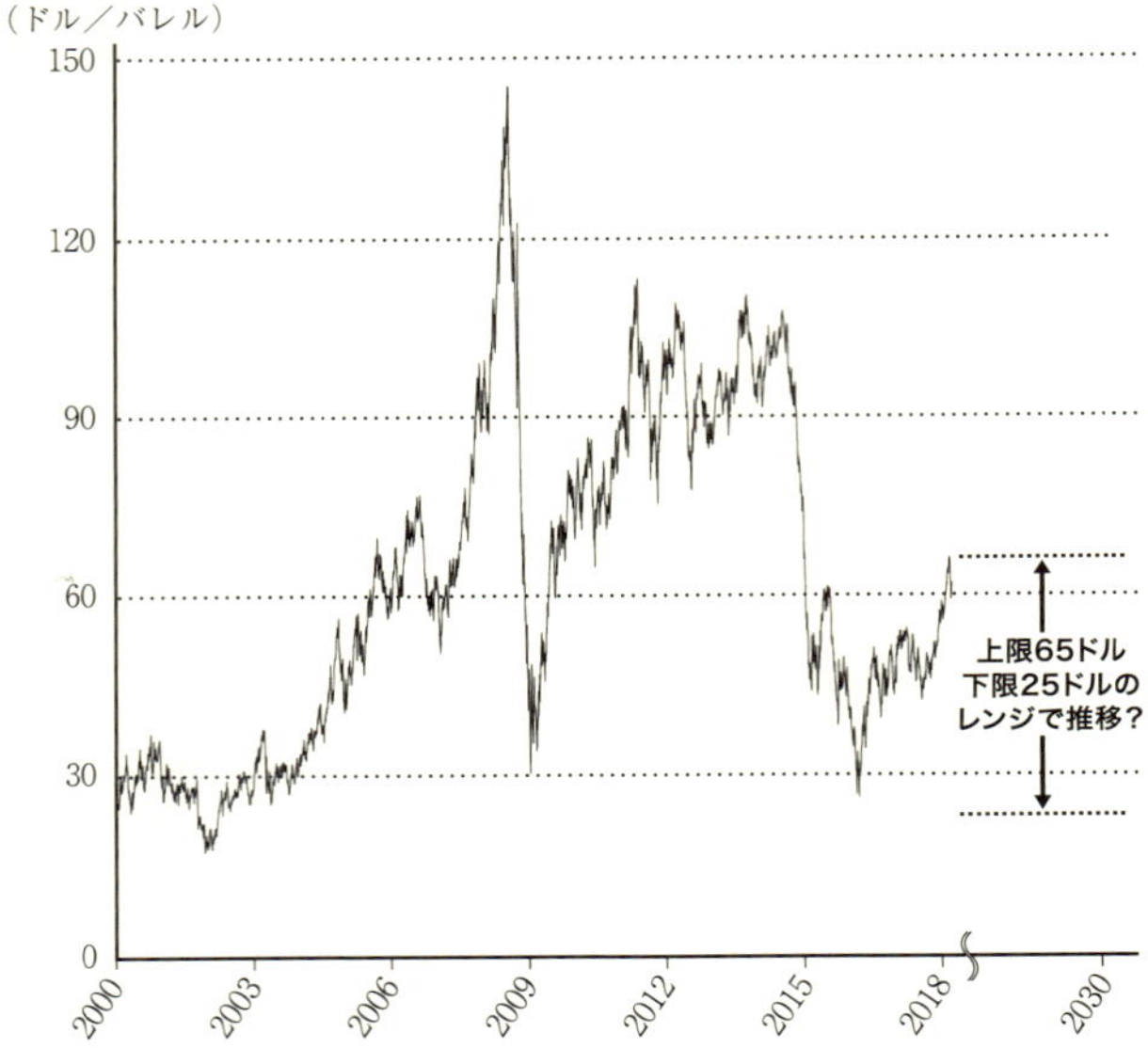

出典）米エネルギー情報局、トムソン・ロイター

ています。というのも、私は長期にわたってＷＴＩ原油価格（アメリカ産原油の指標価格）の想定レンジを25～65ドルと予想しているからです（図表５－５参照）。需給が見えにくい株式市場や為替相場に比べれば、アメリカの原油市場はシェールオイル生産の動向を注意深く見ていれば、大まかな需給のバランスを読むのは決して難しくはありません。

　そして、ＷＴＩ原油価格が想定レンジ内に収まっている限りは、北海ブレント原油価格やドバイ原油価格といった他の国際的な原油価格も裁定取引の対象となるため、WTI原油価格と10ドル以上の価格差が開くことはとても考えられないのです。

そもそも原油価格が2014年10月〜2016年2月にかけて下がり続けたのは、アメリカのシェールオイルの増産によって世界の原油市場で供給増に拍車がかかったのに加えて、アメリカの生産業者の技術革新によってシェールオイルの採算コストが大幅に下がったからでした。2013〜2014年には60〜70ドルとされていたシェールオイルの採算コストは、地質分析のビッグデータ解析や掘削方法の改良などによって、2016年の時点では45ドルまで下がったといわれています。

とりわけシェールオイルの主要3鉱区（バッケン〈ノースダコタ州、サウスダコタ州、モンタナ州〉、イーグルフォード〈テキサス州〉、パーミアン〈ニューメキシコ州、テキサス州〉）では、生産コストが40ドルまで下がったといわれているのです。そのような状況下で、アメリカの生産業者は原油価格が安い期間は生産を減らし、価格が回復したら増産を再開するという臨機応変な生産体制を築いています。

私がWTI原油価格の長期的な想定レンジを25〜65ドルと予想しているのは、アメリカのシェールオイルの採算コストは45ドル程度といわれているからです。すなわち、原油価格が45ドルを下回れば生産業者は減産を進め、逆に45ドルを上回れば増産を進めるため、45ドルを基点に価格調整のメカニズムが働くだろうと考えているわけです（ただし、中東で地政学的なリスクが高まれば、1～2年のスパンで原油価格が75ドルや85ドルに上昇することも考えられます）。

たしかに、今後も生産技術の向上が寄与することによって、生産コストが40ドルを下回る時期は早い段階で訪れると思いますが、シェールオイルの埋蔵量が減少の一途をたどっていることを考えれば、この先の生産コストの低下は埋蔵量の減少に打ち消されてしまうのではないかと推測しているところです。

経済統計の留意点

この章を通して、10～20年後の日本国民の所得が増えていくのか、それとも減っていくのかについて、可処分所得と実質賃金というふたつの視点で切り分けて私なりの予想を述べてきました。当然のことながら、国民の所得は「10年後に5％減少します」「20年後に10％減少します」といった具合に正確な予想を述べることは不可能に近いですが、それでも私が最後に示したいのは、可処分所得と実質賃金の予想結果をざっくりと合成して、将来における所得の大きな流れをつかむということです。

そこでまとめに入ると、たとえ実質賃金が3％程度押し上げられたとしても、広い意味での実質的な可処分所得の減少率が10〜20％程度は覚悟する必要があるとすれば、「国民の所得は大きな流れでは減っていかざるをえない」と結論付けることができるでしょう。このような結論が示しているのは、私たち国民の所得の趨勢があまりにも少子高齢化による悪影響に左右されすぎているということです。これは、第2章でも述べたように、少子高齢化という「深刻で静かなる危機」を30年にもわたって放置し、問題の解決を先送りし続けてきた結果です。

さらに、第3章や第4章で述べたように、イノベーションによる雇用情勢の悪化も考慮に入れれば、国民の所得にいっそうの下落圧力がかかることも想定することができます。正直なところ、実質的な可処分所得の減少率が10〜20％程度に収まるのであれば、御《おん》の字であると見なすこともできるのかもしれません。

なお、名目賃金や実質賃金といった経済統計について留意すべきは、それらの指数を導き出すための調査では従業員5人未満の事業所は対象となっていないということです。端的にいうと、経済的な苦境にもっとも追いやられた零細企業の実態が、名目賃金や実質賃金の調査には反映されていないのです。

実のところ、その他の多くの経済統計においても、もっとも経済的に弱い層の調査が反映されていないという問題がありますが、そういった問題が指摘されているのを私は見たことがありません。この意味において、名目賃金にしても実質賃金にしても現金給与額にしても、数字が示しているよりも実態は明らかに悪いと考えるのが妥当であるように思われます。

第6章

生き残る自治体と転げ落ちる自治体

――少子化対策と地方創生をどうするか

東京圏への一極集中が元凶

この最終章では、これからの日本経済を大きく左右する少子化対策について、私なりの処方箋を提示しておきたいと思います。第2章でも見てきたように、日本では2011年以降、毎年20万人のペースで人口が減り続けてきたところ、2016年に初めて30万人を超えた減少数はますます加速し、2017年には早くも40万人を超えるまでになってきています。

たしかに、日本の総人口から見れば今のところ、その減少率は0・3%程度にすぎないのかもしれません。しかしそれ以上に深刻なのは、秋田県の1・34%を筆頭に青森県1・12%、高知県1・06%、山形県1・00%、和歌山県0・99%（2017年1月時点）といった具合に、地方では全国平均の数倍のペースで人口が減っているということなのです。

人口が減少する要因には、死亡数が出生数を上回る「自然減」と、転出数が転入数を上回る「社会減」の二つがありますが、東京や神奈川、大阪、愛知、福岡といった大都市圏から離れて地方に行けば行くほど、自然減の影響だけではなく社会減の影響も大きいという状況にあります。人口流出に悩む多くの県では、県内の高校を卒業した学生の半数以上が進学や就職のために県内を離れ、多くはそのまま県外の大都市圏に就職しているからです。

なぜ若者が生まれ育った地元を離れてしまうのかというと、地方の多くが賃金や福利厚生が充実した魅力的な雇用を提供することができていないからです。もちろん、現在学生にも「大都市圏で生活してみたい」という憧《あこが》れがあるのかもしれませんが、地方に住んでいる私から見ますと、やはり地方の学生や親の大半が「大都市圏の大学に進学したほうが就職に有利だろう」と思っている点が大きいと感じます。将来にわたって地方に安定した雇用が生まれなければ、地方から若者が減っていく流れは変えることができないというわけです。

まさに日本の少子化の原因は、長年にわたって地方の若者が減り続けてきたということにあるといえるでしょう。とりわけ東京圏への一極集中の弊害はかねて指摘されてきたことですが、昨今の傾向を見ていると、その一極集中の度合いが高まっていることがわかります。

東京圏では転入数が転出数を上回る「社会増」が2017年の時点で22年も続いて

いる一方で、大阪圏や名古屋圏ではその反対の「社会減」が5年間にわたって続いているのです。東京圏が全国の地方からだけでなく、他の大都市圏からも多くの若者を吸い上げている現状が浮き彫りになっているというわけです。

その結果として何が起きるのかというと、東京圏に吸い上げられた若者の未婚化・晩婚化がいっそう進み、日本全体の出生数減少に伴う少子化に拍車がかかっていくということです。東京圏では生活コストがもっとも高いうえに、企業活動が活発なために長時間労働が当たり前になっています。今の企業の賃金体系では残業代が占める割合が大きいので、東京圏で普通の生活を送るためには、残業代を稼がなければならないという問題があります。もちろん、大企業でなければ賃金が安い企業も少なくないので、残業をしてもギリギリの生活を強いられている若者が多いというのも事実です。

そういった経済的理由や長時間労働のせいで結婚できない、あるいは結婚できても晩婚になるという若者が増加の一途をたどっています。たとえ結婚ができて子どもが欲しかったとしても、東京圏では保育施設が足りないなど、女性が働きながら子育てできる環境が整っていないので、子どもを産むのをためらう夫婦の割合も高いといわれています。東京への一極集中によって、「地方にいたら結婚できるのに、東京では結婚もままならない」または「地方だったら2〜3人産めるのに、東京では1人しか産めない」という状況を強いられる若者が増え、少子化のスパイラルが一向に止まらないかたちになっているのです。

地方から若者がとめどもなく流出するというのは、短期・中期的には人手不足に悩む地方経済に大きな打撃を与えるのみならず、長期的には地方の出生数減少の加速化を招き、地方の人口減少がいっそう進むという悪循環をもたらすことになります。

ただし、ここで地方自治体が「若者の流出は止められない」と諦めていたとしたら、地方はなし崩し的に悪い方向へと進み続けていくだけです。人口流出を食い止めようと必死の努力をしなければ、多くの自治体が大幅な税収減少と社会保障の膨張に耐えられず、20年後、30年後には破綻の憂き目に遭ってしまうのではないでしょうか。

地方回帰した大企業——コマツの少子化対策

今後の日本について懸念すべき最大の問題は、誰もが認めるように「少子高齢化」しかありえません。とりわけ少子化によって長期的にもたらされる悪影響は、国家としての経済規模の縮小にとどまらず、社会保障費の膨張、税収不足に伴う財政危機、治安の悪化など、私たちの生活水準の著しい低下を招くことが必至だからです。

たしかに、私たち自身が年々老いていくわけですから、高齢化を止めることも緩和することも絶対に不可能なことはわかっています。少子化についても、たとえ奇跡的に20～30代の女性の出生率が現状の1・44から10年以内に2・00へと跳ね上がったとしても、その年代の女性の人口がとても少ない状態がすでに続いているので、どんなに短くても30～40年後までは日本の少子化が止まらないこともわかっています。

しかしながら、この厄介な問題を解決するために、政治の世界では一向に抜本的な処方箋を講じることができていません。政治にとって優先されるのは、ある程度の成果が20年先、30年先に表れる政策よりも、目先の選挙で投票してもらえる政策を実行することだからです。したがって、政治家たちは「少子化対策を何とかしなければならない」と普段から訴える素振りを見せていますが、結局のところ、この問題に対して真剣に取り組もうとはしないのです。

そこで今、私たちが注目すべきなのが、建設機械大手コマツの少子化対策への取り組みなのです。今ではグローバル企業として確固たる地位を築いたコマツは、国内雇用をきわめて重視している見本のような企業です。同社の相談役・坂根正弘氏は20

01年の社長就任以降、為替に左右されない高収益体質を築き上げた卓越した経営者ですが、その坂根氏が社長時代から進めてきたのが、事業の選択と集中によって競争力は維持できるとして、創業地である石川県への地元回帰を中心とした、本社機能や工場の地方への分散だったのです。

その経緯を振り返ると、まず2002年、部品調達本部を東京本社から石川県小松市に移しています。これからもITが進歩していく世の中では、部品調達本部は協力企業が近くに集まる工場にこそあるべきだと判断したというのです。続いて2007年には金沢市と茨城県ひたちなか市に新しい港湾工場をつくり、2011年には本社の教育研修組織と複数拠点に分散する研修施設を統合して、小松市に総合研修センターを開設。これまでの地元回帰では、150人以上の社員が本社などから石川に転勤になったということです。

子どもの数が3・4倍に

私は2011年にコマツが本社機能の地方分散を進めていることを初めて知ったとき、少子化を緩和していくためには、かつ、地方の衰退を止めていくためには、コマツの取り組みを多くの大企業が見習う必要があるだろうと直感することができました。それ以降、コマツの取り組みが他の大企業にも波及することを願い、自らの連載や講演会、拙書などでも取り上げながら応援してきたつもりです。

実際に、本社機能の地方への分散は、正確にはどの程度の効果をもたらすことができているのか、私自身もずっと気になっていたところでした。そのように思いを巡らし続けていた矢先、偶然にもある催しでコマツの坂根氏にお会いする機会があったので、お話を伺いたいと率直に申し上げたところ、快諾を得ました。

坂根氏は「なぜ地方を重視するのか」という問いに対して、「その本質的な動機は、この国の深刻な少子化問題を解決したいという思いにある」と明かしています。コマツは1950年代に石川から東京に本社を移し、工場も輸出に有利な関東・関西に移していますが、多くの地方企業がそういう歴史をたどったことによって、東京への過度な一極集中とそれに伴う少子化を加速させてきたという事実を直視し改めなければならないというのです。

現に、コマツの本社機能の地方への分散は、少子化対策としてはっきりとした数字を残しています。同社の30歳以上の女性社員のデータを取ると、東京本社の結婚率が

50％であるのに対して石川が80％、結婚した女性社員の子どもの数が東京は0・9人であるのに対して石川は1・9人となり、掛け合わせると子どもの数に3・4倍もの開きが出ているのです（東京0・5×0・9＝0・45、石川0・8×1・9＝1・52→1・52÷0・45＝3・38）。石川は物価が東京よりもずっと安く、子育てもしやすい環境にあるので、これは当然の結果といえるでしょう。

坂根氏は地方回帰を進めてきた効果について、「女性従業員の出生率が飛躍的に上がった」だけでなく、「従業員の生活が豊かになった」「退職者の健康寿命が延びた」などと語り、さらには「地方出身企業であるコマツが率先して地方への回帰で成功を収めれば、いずれは他の大企業も次々と回帰の道をたどってくれるのではないか」という期待も述べています。坂根氏の気持ちを汲み取るならば、コマツは国家の将来を憂い、強い使命感を持って経営にあたっているということなのです。

地元を活気づける副次効果

コマツの地元回帰が効果を発揮したのは、少子化対策だけではありません。従業員（退職者も含む）とその家族、および協力企業が一体となって、地方の活性化にも大い

最新鋭の自動運転技術で整地すれば、畑にコメの種を蒔くことができる

に寄与しているということです。当初は、坂根氏自身もコマツの地元回帰は一企業レベルの話にとどまると考えていたというのですが、今では地元の行政や学校、銀行、農協までも巻き込んで、地元を活気づける様々な副次効果を生み出すまでになっているというのです。

　そのひとつが、コメづくりで技術革新を成し遂げているということです。そもそもの出発点は、石川の製造現場の社員には兼業農家が非常に多かったので、兼業農家の手伝いをしようという試みだったといいます。その試みがコマツの技術力を用いて地元の農業生産性を高めようとする取り組みに発展していったのです。その結果、最新鋭の自動運転技術を使って整地すれば農地にコメの種を蒔《ま》くことができるので、農家にとって重労働である田植えをしなくて済むということがわかってきたといいます。

　実際に、2年前から田植えのいらないコメづくりを始めると、今まで苗をつくっていたハウス設備（苗代）が不要になったといいます。その結果、ハウス設備を有効に利用しようという民間的な発想から、その場所で花を栽培するようになったというのです。1年を通して効率的に花をつくる順番を試行錯誤しているなかで、新しいアイデアとして、石川の工場で使われている地元白山《はくさん》の地下水を利用した省エネ技術が花の温室栽培にも使えるかどうかを試しているということです。農業とは畑違いのコマツが地方で農業の改善に関わっただけでも、これだけ次から次へとやるべきことが出てきているわけです。

私がコマツの取り組みを見ていて思うのは、コマツに続いて他の大企業も自社技術と発想力を活かして地方の課題解決に取り組めば、地方は相応の活気を取り戻すことができるということです。たとえ派手さはなくても、地方でできることをひとつひとつ続けていくことによって、地方の行政や住民、学校、銀行、農協なども共鳴して活動してくれるようになるのです。これこそが、本当の意味での「地方創生」ではないでしょうか。

小松市ではコマツの理科教室が小学5年生のカリキュラムに組み込まれている

退職後の健康寿命が延びるわけ

コマツでは60歳の定年後に再雇用という選択肢も設けていますが、石川の製造現場の社員のなかには再雇用を希望しない人も結構いるといいます。コマツの賃金体系は東京も石川も同等であるため、相対的に物価の安い石川のほうが貯蓄できるので、定年後に経済的な理由で働く必要がないからです。そのうえ、OB・OGは働く自分の子どもたちに代わって孫の面倒を見てあげる余裕もあるので、子どもたちも安心して孫を産む環境が整っているというのです。

しかしながら、やがて孫たちも大きくなって手がかからなくなってくると、時間を持て余すようになってしまいます。そこでコマツは、定年後のOB・OGがやりがいを感じられる場所として、2011年に小松市に開設した同社の総合研修センターを有効に活用しようとしたというわけです。本来、研修センターは社員の教育をする場所ですが、地元の子どもたちのために理科教室やモノづくり教室を開催するようにしたというのです。

今では、小松市の小学校5年生のカリキュラムに「コマツの教室に行くこと」が組み込まれていて、約300名のOB・OGが「電気を起こすにはどうしたらよいか」「重いモノを少ない力で運ぶにはどうしたらよいか」などについて自ら用意した教材をもとに、小学生に教えるようになっているといいます。その結果、OB・OGの多くが「以前よりも病院に行かないようになった」といい、やりがいや教える喜びによって健康になったと自覚しているというのです。

誰もが認めるように、高齢者にとって適度にからだを動かし、物事を考えることは、健康寿命を延ばすには必要不可欠です。とりわけ、教室で教えるだけでなく、教材を自らで考えるという行為は、社会問題化している認知症の予防にもとても効果的であるように思われます。

いずれにしても、こうした企業の取り組みによって、子どもの考える力を育てるばかりか、社会保障費の膨張に歯止めをかけるという効果を得られることが実証されつつあるというわけです。

コマツ流が広まらない理由

こういったコマツの取り組みがなぜクローズアップされないのかというと、私はやはりこの国を引っ張っている人たち、すなわち、大企業（経団連）や中央官庁、メディアなどに東京一極集中の恩恵を受けている人たちが多いからではないかと思っています。だからこそ、たとえ現状を変えるには何をしたらいいのか多少はわかっていたとしても、オピニオンリーダーたる彼らが動き出さなければ、少子化対策も地方創生もなかなか国民レベルの話には向かっていかないわけです。

地方で幸せが循環するコマツの経営理念を伺って思ったのは、大企業の経営者はいま一度、地方に目を向けた経営、雇用を考えてみるべきではないだろうかということです。個人的な感情になりますが、私は「収益だけを追い求めて工場の海外移転を進める企業よりも、国内で踏ん張って少子化対策や地方創生を体現しているコマツに、日本国民として頑張ってもらいたい」と心から思っています。さらには、「利益の最大化」や「株主の利益」を追求する企業よりも、「国民の利益」「社員の利益」を大事にする企業に多くのファンができる時代が来るだろうとも考えています。

坂根氏はインタビューの最後、「私の後を引き継いだ野路國夫会長がライフワークとして私以上に少子化対策や地方創生のリーダー役を果たしてくれているので、とても心強いと思っている」と述べていましたが、コマツのように国家の大計を考えて英断をできる企業が徐々にでも増えていけば、地方の疲弊は緩和することができ、少子化も改善の方向に向かうはずです。地方創生も成し遂げられるはずです。私は一人の国民として「コマツ、頑張れ！」と声を大にして応援し続けていきたいです。

企業と地方のコラボが不可欠

しかしながら、現時点において本社機能の一部を地方に移すという動きは、トヨタやアクサ生命などわずかな大企業でしか行われていないという厳しい現状があります。実際に、本社機能の地方移転が少子化対策として本質的対策であることは、コマツの事例が客観的に示しているはずなので、本来は世論をリードするメディアこそが、コマツの取り組みを積極的に取り上げて評価するべきでしょう。また、企業経営者も日本の未来や従業員の生活を本当に豊かにしたいと思ったら、コマツの取り組みを見倣《みなら》って地方を元気にする経営を考えてみるべきでしょう。

私には坂根氏が「コマツの後に続いてくれるところが少ない。この国はどうなってしまうのか」と嘆いていたのが印象に残っていますが、大企業が自らの利益や効率性だけを考えていたら、本社機能の地方移転などはとても決断できない経営判断であるといえます。だから、政治が何としても少子化を食い止めようという気概を持って、地方移転にチャレンジする大企業を支援する優遇税制などの措置を講じなければ、大企業が地方に興味を示すことはなく、絶対に少子化の問題は解決に向かうことはないでしょう。

その一方で、受け入れる側の地方自治体が積極的に大企業の本社機能の誘致に取り組んでいく必要もあるでしょう。ただし、地方自治体によって各々の特色があるので、相乗効果が発揮できる大企業と地方自治体が協力するのであれば、大企業のほうは何も創業地にこだわる必然性はないと思っています。そういった意味では、地方の疲弊が止められるのか、疲弊が進んでしまうのかは、各々の首長（知事）の才覚に大きく左右されることは間違いありません。詳しくは後述しますが、これからの道府県民はそういった視点を持って、選挙に自らの票を投じてもらいたいところです。

少子高齢化や地方の疲弊の行き着く先を冷徹に分析すると、どう考えても日本の将来は悲観せざるをえない状況にあります。これまで再三指摘してきたように、たとえ奇跡的に20〜30代の女性の出生率が数年後に2・00に跳ね上がったとしても、その年代の女性の人口がとても少ないので、30〜40年後まで日本の少子化は止まらないのがわかっているからです。将来の日本は今より重税感が強くなるにもかかわらず、地方自治体の破綻が相次ぐような社会になっているでしょう。

そうはいっても、私たちは少子化を和らげるために、各々ができることからやっていかなければならないと考えています。繰り返しになりますが、何もしないで放っておいたら、将来の状況はさらに悲惨になってしまうのは避けられません。そういった趣旨では、私がこの問題に対して今できるのは、コマツの取り組みをもっと世の中に知ってもらい、微力ながらも少子化対策の流れに協力していくことであると思っています。

大企業と大学のセットが地方を救う

私は少子化の大きな流れを止めるためには、「大企業の本社機能の地方への分散」しかないだろうと考えています（大企業の本社そのものが地方へ移転することが理想ですが、落としどころとして地方への分散が現実的であると考えています）。前項までは建設機械大手コマツの事例を取り上げ、出生率は飛躍的に引き上げられるという数字的な根拠を示しています。大企業が地方で良質な雇用をつくる努力をすれば、それだけで効果的な少子化対策になるというのに加えて、若者の地方からの流出が緩和されることも十分に期待できるのです。

私のかねてからの持論は、「大企業の本社機能の分散」は「地方大学の振興」と組み合わせてこそ、いっそうの効果が発揮できるだろうというものです。しかし現状では、地方の大学が都市部の大学を上回る魅力を持つにはいたらず、若者の流出に歯止めがかかっていません。少子化により若者の数が減り続ける見通しだったにもかかわらず、日本の大学数は１９８８年の４９０校から増加の一途をたどり、２０１６年には７７７校にまで増えてしまっており、定員割れを起こしている大学が３００校近くもあるのです。

長い目で見れば、多くの大学が淘汰される厳しい状況下であっても、地方自治体は若者をつなぎとめるために、地方大学の学力や魅力度を底上げできるように懸命に努力しなければならないでしょう。

たとえば、地方自治体が大企業を誘致する条件として、大企業が欲する人材を教育する専門職大学や単科大学を創設するというアイデアはどうでしょうか。当然のことながら、専門職大学や単科大学をつくるために、最初からそのすべてを地方の財政で賄うというのは無理があります。だから地方自治体は、淘汰により廃校になった大学・高校や不要になった施設などを改修・刷新することで再利用するという選択肢を持つべきなのです。採用に直結する専門職大学や単科大学であれば、学生と企業の双方にメリットがあり、卒業後に若者が大都市圏に流出するという事態も回避できるはずです。

さらに地方大学の振興を促進するためには、卒業の要件を厳しくする必要があります。誰でも大学に進学できる環境を整えながら、全員が必ずしも卒業できないシステムに改めていくことが求められているのです。大学が卒業生に対して専門職にふさわしい知識や技能、思考力を担保できなければ、地方大学の振興には程遠く、ひいては地方経済の発展に寄与することなど到底できないからです。東京の有名大学に先駆けて、地方の大学からこういった取り組みを始める必要があるのではないでしょうか。現に、秋田県の国際教養大学は卒業が難しいカリキュラムで知られ、大企業が相次いで秋田まで採用活動に訪れています。

いずれにしても地方自治体には、各々の地方の強みや特色をデータの形で可視化したうえで、マーケティングに力を入れながら地方大学の振興策に取り組んでもらいたいところです。地方大学の底上げという問題はそれだけを考えていては不十分であって、良質な雇用の確保という問題と併せて考えるようにしなければ、中身の薄いものとなってしまいます。ところが、ほぼすべての自治体がこれらを別々の問題として捉えているため、対策を講じても効果は出ない結末となっているというわけです。

身近な例をひとつ挙げれば、私の地元に筑波大学があります。勉学に励む優秀な学生が多いため、大企業の採用部門の評価が高いことでも有名です。したがって、卒業生がそのまま茨城の企業に就職するケースは皆無に等しく、卒業生の圧倒的多数が東京の企業に就職するという状況に甘んじているのです。この筑波大学の事例などは、先ほどの秋田の国際教養大学と同じく、せっかく地元に優秀な大学があっても、地元に良質な雇用がなければ意味をなさなくなるという典型例であるといえるでしょう。

地方自治体には自らの地域の特色や強みを分析したうえで、大企業の誘致と地方大学の振興を組み合わせた施策を進めてもらいたいところです。やはり、相性の良い施策を組み合わせてこそ、相応の効果を発揮することが期待できるからです。地方に良質な雇用が生まれれば、若者が地方に残って働くという選択肢も広がります。
それが地方における少子化の緩和や経済の活性化にもつながっていくし、ひいては日本全体の人口減少の加速を止めることにもつながっていくというわけです。

生き残る県、転げ落ちる県

そういった意味で私は、地方が破綻しないための改革を推進していくには、地方の首長の強力なリーダーシップが欠かせないと確信しています。地方の首長が地域の住民に何としても明るい未来を見せたいという情熱を持たなければ、首長が柔軟な思考力と本質を見抜く才覚を持っていなければ、その地方の未来は極めて暗いものとなってしまうでしょう。要するに、これからの地方が何とか現状を維持していくのか、それとも坂を転げ落ちるように衰退していくのか、それは首長の情熱と才覚にかかっているというわけです。

2017年の話になりますが、ある自治体の知事選挙に出る候補者から「何か目玉になる政策はないか」と意見を求められたので、「大企業の本社機能の一部を誘致することと、地域の大学の底上げをすること（有名大学の誘致や大学の新設も含めて）の二つが核になる」と申し上げたところ、「そんなこと、できるわけがない」と切って捨てられました。できない理由ばかりを挙げて現状を放置したらその地方はどうなってしまうのか、その候補者はまったく理解していなかったのでしょう。

これから少子高齢化が加速度的に進む日本では、最初からできないと解決策を放棄してしまう首長は、確実にその自治体を負け組に追いやってしまうだろうと考えています。実のところ、長野県や富山県など複数の自治体の首長は、大企業の本社機能の一部を地元へ移してもらおうと、一生懸命になって働きかけているからです。できない理由を考えるのではなく、できるようにするには何をなすべきかを考えるほうが、これからの地方のトップには不可欠な資質であるはずなのです。

過去の人口が増え続けていた時代では、たとえ何も考えていない首長が何期もリーダーを務めたとしても、よほどの稀《まれ》なケースでないかぎり、自治体が苦境に陥るようなことはありませんでした。しかしながら、これからの人口減少が加速していく時代では、首長の情熱や才覚がかつてないほど試される時代に入ってきたといえるでしょう。地方自治体のあいだで住民の奪い合いが始まり、否応なく弱肉強食の様相が強まってくるからです。首長の情熱や才覚によって、持ちこたえる自治体と転落する自治体に峻別《しゅんべつ》されていくというわけです。

たしかに、これから10年以内にはすべての都道府県で人口が減り始めるというのに、地方のあいだで人口を奪い合っても意味がないという意見があるかもしれません。しかし、そのくらいの危機意識を持った競争にならなければ、多くの自治体も一生懸命にはならないのですから、むしろ全体としては大いに意味があることだと思っています。将来の日本が少子化をできるだけ緩和するためには、どうしても東京や大都市圏への人口集中を逆回転させるような競争が必要だからです。

仮に出生率が現状の1・44のままで推移するとすれば、40年後の日本では毎年90万人以上の人口が減り続けると試算されています。第2章でも指摘したように、これは今の香川県や和歌山県といった自治体が1年ごとに消滅していくという衝撃的な数字です。

そうなってしまっては日本には悲惨な未来しか待っていないので、国民全体でもコンセンサスをしっかりと持って、できるかぎり出生率を上げていく努力を続けていかなければならないのです。そうすることによって、90万人以上減るといわれている数字を、45万人や30万人に縮小させることは十分に可能であるからです。

おわりに

豊かさの代償としての世界的な失業問題

近代からの歴史を振り返ってみると、技術革新はモノの価格を確実に下げることで、人々の生活水準を引き上げてきました。その典型的な例として、イギリスで産業革命が隆盛を極めた18世紀後半からの100年間は、技術革新による供給能力の飛躍的な進展が世界的にモノの価格を大幅に引き下げました。当時のエネルギーの主役を担っていた石炭の生産が急速に伸びたため、石炭の価格が暴落することとなり、物価を大きく押し下げる要因になったのです。

この100年間では、名目賃金は下落する傾向にあったものの、それ以上に物価が下がっていったので実質賃金はむしろ上がっていきました。その恩恵を受けて、人々の生活は労働一辺倒ではなくなり、生活を楽しむ余裕が生まれていきました。

それに加えて、こうしたエネルギー価格が下がっていく時代には、平均寿命が大きく延びるなど、人々の生活はそれまでより非常に豊かになったのです。イギリスで大衆相手のエンターテインメント産業が育ち、全盛期を迎えたのもこの時代でありました。

経済史において産業革命とたとえられるほどの技術革新は、それまで富裕層しか買えなかった高価なモノの価格を大幅に引き下げ、誰でも所有できるような世界を生み出してくれます。およそ100年前には、アメリカの自動車産業が機械による大量生産の手法を確立しましたが、その結果として自動車の価格が劇的に下がり、普通の人々が買える時代が到来しました。かつては高額商品だった箱型の大きい携帯電話も今ではスマートフォンとして普及し、世界中の人々の生活における利便性を引き上げてくれています。

たしかに、多くの経済の専門家がいうように、技術革新によって人々の生活が便利になったのは間違いありません。しかし、生活が便利になったからといって、人々が幸福になったといえるでしょうか。20世紀以降に起こった自動車産業での技術革新は、莫大な産業集積と雇用の双方が必要不可欠だったため、大量の良質な雇用を生み出すことができました。自動車が安価になり需要が急拡大していくなかで、需要を満たす生産を維持するためには、賃金を大幅に引き上げて工場労働者を確保する必要があり、そのような状況がアメリカの豊かな中間層が拡大していく礎《いしずえ》を築いていったのです。

これに対して、昨今起こっているITにおける技術革新では、全体として良質な雇用を生むことは期待できないうえに、ほんの一握りの人々だけが高額な収入を得るという構図が強まっています。世界中の企業利益の約8割は、大手のIT企業など知的財産を多く持つ企業が稼いだものであり、情報の価値が飛躍的に上がるデジタル経済の時代には、大手IT企業の市場支配力がいっそう高まっているからです。たとえば、フェイスブックは2018年2月時点の株式時価総額が5180億ドル（当時のドル円相場で換算して55兆円）とトヨタの2・6倍だった一方で、従業員数はたったの2万5000人とトヨタの15分の1しかいなかったのです。

アメリカの景気拡大期は9年目に入り、失業率は完全雇用といわれる4％台で推移しているにもかかわらず、リーマン・ショック前と比べると良質な雇用は失われており、むしろ低賃金に甘んじる労働者のほうが大幅に増えてしまっています。

2000年初めと2017年末を比較して、アメリカの企業収益は増え続けて株価は2・3倍にも上がっているのですが、アメリカ国民の実質所得は近年の原油安でかなり盛り返したものの、未だに2000年初めの水準を下回ったままの状態にあるのです。その証左として、アメリカでは多くの人々が生活の苦しさからポピュリズム的な主張を支持するようになり、トランプ大統領を誕生させるという愚かな選択をしてしまったわけです。

技術革新が抱える最大の問題

アメリカと同様、多くの先進国で共通しているのは、経済成長率に比べると実質賃金の伸びがあまりに小さいということです。実のところ、近年の先進国の経済成長率は平均して2％台を維持しているなかで、実質賃金の伸び率は0・5％にも達していないのです。とりわけアメリカやドイツ、日本では完全雇用といわれる水準にまで失業率が低下していますが、労働者の実質所得は多くの専門家が想定していた通りには上がっていません。これは、ITの技術革新による成果が企業経営者や富裕層など所得の高い人に集まる傾向が強く、平均的な労働者にはなかなか回ってこないという事実があるからです。

これから新たに起こる技術革新は、AIとITが融合した「第4次産業革命」と呼ばれるものです。AIは工場での製造工程だけではなく、あらゆる取引先との情報共有においても重宝されることになるでしょう。たとえば自動車メーカーであれば、素材メーカー、部品メーカーから販売店、輸送会社、電力会社までと、あらゆる取引先がインターネットでつながってデータのやり取りを行っていくようになるからです。AIの積極的な活用によって、経営の理想である在庫のゼロ、人件費やエネルギー消費の最小限化を目指していくというわけです。

今後の技術革新が抱える最大の問題は、雇用情勢の悪化というジレンマを克服するのが困難だということです。経済にとって生産性が上がるのは好ましいことではあるのですが、それに反比例するように雇用は確実に減っていくからです。AIとITの組み合わせがもたらす未来は、低賃金・低技能の労働者の雇用はもちろん、比較的高度なスキルを要する雇用をも奪いかねない見通しにあるのです。人口が増え続けているアメリカなどはその悪影響をもろに受けることが避けられず、労働力人口の減少が加速する日本でも失業率の上昇は覚悟しなければならないでしょう。

アメリカの主流派の経済学者のなかには、「AIは人間の仕事を奪うといわれているが、そういう歴史は過去にもあり、そのたびに新しい仕事も生まれている」といった楽観的な見方を示す人が多いようです。しかし、そのような見方が短絡的だと思うのは、AIとITが融合して新しいビジネスが生まれたとしても、その新しいビジネスがいっそう既存の雇用を奪うという悪循環に陥ってしまうだろうからです。経済学者が「歴史」を引き合いに出すときは、表層的な比較しかできていないケースが多いように思われます。

生産性革命の末路

たとえば、ITの発達によって生まれたカーシェアリングやライドシェアリングといった新しいビジネスが普及していくにつれて、自動車の需要が着実に減り続けていくのは疑う余地がありません。そのうえ、AIとITが融合することによって、自動運転という新しい技術が確立することになれば、それらのビジネスはいっそう効率性を高めることになり、普及の度合いが加速していくことも想定しなければなりません。

そのように考えると、たとえ新興国や途上国で自動車販売が増えたとしても、20～30年後、世界の自動車需要は現在の3分の2程度まで減少しているかもしれません。先進国に限ってみれば、2分の1以下にまで減少しているのかもしれないのです。

先進国や新興国で雇用の中核を担う自動車産業においては、ただでさえ電気自動車化の流れのなかで雇用が縮小するのが懸念されているというのに、AIやITが生み出す新しいビジネスによって需要が大幅に減少することになっては、雇用への悪影響は甚大なものとならざるをえないでしょう。

おまけに、自動運転が珍しくない世の中になれば、タクシーやバス、トラックの運転手が失業するケースが後を絶たなくなるでしょう。どのように想像力を働かせてみても、技術革新が奪う雇用を補う分の新しいビジネスや仕事が生まれるとは、とても考えられないというわけです。

経済学の教えるところでは、「生産性を上げれば、経済成長率は高まる」「生産性を上げれば、賃金は上がる」というふたつの常識が未だに両立するといいます。ところが21世紀以降の経済システムでは、「生産性を上げれば、賃金は上がる」という考えはもはや成り立つとはいえず、その代わりに「生産性を上げれば、株価が上がる」という特徴が前面に出てきているように感じられます。

「富の寡占を生む」というしくみを内包している点において、ＩＴやＡＩによる技術革新は株主資本主義との親和性が高く、一般の労働者に恩恵が浸透することはあまり期待してはいけないのです。

21世紀における生産性というのは、油断のならない言葉です。生産性を高める最大の要因は、紛れもなく大幅な人件費の削減効果にあるからです。ＡＩやＩＴによって仕事量が劇的に減少した分、あまった従業員はより高度な仕事に集中できるという理屈は、現実を無視した経済学上の詭弁《きべん》にすぎません。高度なスキルが必要とされる仕事は、あまった人員のほんの一部で事足りてしまうのです。生産性の引き上げに成功した企業は、従業員に一段と高い水準の能力を求めることになり、不必要となった従業員を次々と整理する姿勢を強めていくでしょう。

20世紀前半に起こった技術革新は、自動車や汽車が登場して馬車業者の雇用はなくなっても、それをはるかに上回る雇用を新たに生み出しました。ところが21世紀の技術革新は、既存の産業を駆逐すると同時に、雇用も破壊し続けていきます。「破壊的イノベーション」という言葉で語られるべき現代の技術革新は、もはや諸手《もろて》を挙げて喜べるような代物ではないといえるでしょう。人々の生活の利便性や快適性が高まっていく反面、それを上回る生活水準の低下や格差の拡大を生み出していくことを考慮しなければいけないのです。

そのようなわけで、ＩＴを中心とする技術革新が人々を本当に豊かにしているとはいえませんし、ＡＩとＩＴを融合した新たな技術革新が人々の生活を今以上に疲弊させていくというわけです。

行き着く先はAI、ロボットへの課税

10〜20年単位の長期的な視点で見ると、先進国や新興国の企業のオフィスや工場では、想定を上回るペースでAIやロボットによる自動化が進んでいく流れは不可避な情勢です。その一方で各国の政府がなすべきは、失業した労働者を吸収するために新しい産業の育成に取り組むということですが、今のところそういった取り組みはまったく見られていません。このままでは、財政的に負担が大きい長期失業者が徐々に増えていき、各国の政府は企業に対して何らかの対応策を取らなければならなくなるでしょう。

その対応策として有効だと考えられるのは、自動化によって人件費を削減した企業に対して課税を強化するという税制の導入です。ただでさえアメリカや欧州では企業の生産性が高まったにもかかわらず、労働者には賃金が回りにくくなっている点で、人々の政治や社会に対する不満が高まっています。それに加えて、自動化の進展によって雇用情勢が悪化の一途をたどることになれば、社会が混乱することでポピュリズムや衆愚政治が台頭するという泥沼にはまり込むリスクも警戒しなければならないの

です。こういったリスクを回避するためにも、各国の政府はＡＩやロボットへの課税を真剣に検討するべき時期にきているといえるでしょう。

経済学者や専門家の多くは、ＡＩやロボットへの課税は、問題の解決策にはならないというでしょう。ＡＩやロボットといった設備投資への課税が企業の投資を萎縮させるだけでなく、税収が大して増えないなかで人々の生活はかえって苦しくなるという考え方をするからです。

しかし私は、ＡＩやロボットへの課税で自動化の進展が遅れることになれば、それに越したことはないと考えています。企業の自動化のペースをできるだけ減速させながら、失業の危機に陥る人々の再教育制度の整備や雇用の受け皿となる産業の育成をするための時間稼ぎができるようになるからです。

企業経営の観点からすれば、生産性の向上は間違いなく正しいのですが、長い目で見れば、社会的なコストがあまりに大きすぎます。石炭火力発電所は温室効果ガスを大量に排出することから、地球温暖化や大気汚染など社会的なコストが大きいといわれていますが、そういった意味で私は、ＡＩやロボットへの投資は石炭火力発電所への投資と似たところがあると考えています。

ほぼすべての先進国で、労働分配率は何十年にもわたって低下し続けています。その状況をさらに加速させる生産性の向上は、ポピュリズム政治の隆盛をもたらし、世界的な財政危機や大不況、ひいては大きな戦争を引き起こす可能性も否定できないでしょう。

最後に、これからの日本では少子高齢化、ＡＩ、電気自動車といった様々な難題が降りかかってきます。人間には厳しい現実を直視することを避けようとする習性があります。事態の変化はこれまで通りゆっくりと進行していくので、これからも何とかなるだろうと思い込み、深刻化する問題を先送りする傾向は温存されたままです。

少子高齢化にせよ、地方の疲弊にせよ、国の借金にせよ、私たち国民にできるのは危機意識を持って、迅速で思い切った対応策を国や政府に迫ることでしょう。少なくとも事態の悪化を食い止めるために、改善策を講じ続けるように働きかけるべきなのです。日本の経済や社会がこれまで通りに持続できるなどという保証は、まったくどこにもないというわけです。

講談社現代新書　2463

日本《にほん》の国難《こくなん》　2020年《ねん》からの賃金《ちんぎん》・雇用《こよう》・企業《きぎょう》

二〇一八年四月二〇日第一刷発行　二〇一八年六月二九日第六刷発行

著　者　中原圭介《なかはらけいすけ》　© Keisuke Nakahara 2018

発行者　渡瀬昌彦

発行所　株式会社講談社
東京都文京区音羽二丁目一二―二一　郵便番号一一二―八〇〇一
電　話　〇三―五三九五―三五二一　編集（現代新書）
〇三―五三九五―四四一五　販売
〇三―五三九五―三六一五　業務

装幀者　中島英樹

印刷所　凸版印刷株式会社

製本所　株式会社国宝社

定価はカバーに表示してあります　Printed in Japan

N.D.C. 300　218p　18cm
ISBN978-4-06-288463-1

「講談社現代新書」の刊行にあたって

教養は万人が身をもって養い創造すべきものであって、一部の専門家の占有物として、ただ一方的に人々の手もとに配布され伝達されうるものではありません。

しかし、不幸にしてわが国の現状では、教養の重要な養いとなるべき書物は、ほとんど講壇からの天下りや単なる解説に終始し、知識技術を真剣に希求する青少年・学生・一般民衆の根本的な疑問や興味は、けっして十分に答えられ、解きほぐされ、手引きされることがありません。万人の内奥から発した真正の教養への芽ばえが、こうして放置され、むなしく滅びさる運命にゆだねられているのです。

このことは、中・高校だけで教育をおわる人々の成長をはばんでいるだけでなく、大学に進んだり、インテリと目されたりする人々の精神力の健康さえもむしばみ、わが国の文化の実質をまことに脆弱なものにしています。単なる博識以上の根強い思索力・判断力、および確かな技術にささえられた教養を必要とする日本の将来にとって、これは真剣に憂慮されなければならない事態であるといわなければなりません。

わたしたちの「講談社現代新書」は、この事態の克服を意図して計画されたものです。これによってわたしたちは、講壇からの天下りでもなく、単なる解説書でもない、もっぱら万人の魂に生ずる初発的かつ根本的な問題をとらえ、掘り起こし、手引きし、しかも最新の知識への展望を万人に確立させる書物を、新しく世の中に送り出したいと念願しています。

わたしたちは、創業以来民衆を対象とする啓蒙の仕事に専心してきた講談社にとって、これこそもっともふさわしい課題であり、伝統ある出版社としての義務でもあると考えているのです。

一九六四年四月　野間省一

世界史I

834 ユダヤ人――上田和夫
930 フリーメイソン――吉村正和
934 大英帝国――長島伸一
968 ローマはなぜ滅んだか　弓削達
1017 ハプスブルク家――江村洋
1019 動物裁判――池上俊一
1076 デパートを発明した夫婦　鹿島茂
1080 ユダヤ人とドイツ――大澤武男
1088 ヨーロッパ「近代」の終焉――山本雅男
1097 オスマン帝国――鈴木董
1151 ハプスブルク家の女たち　江村洋
1249 ヒトラーとユダヤ人　大澤武男
1252 ロスチャイルド家　横山三四郎
1282 戦うハプスブルク家　菊池良生
1283 イギリス王室物語――小林章夫
1321 聖書vs.世界史――岡崎勝世
1442 メディチ家――森田義之
1470 中世シチリア王国――高山博
1486 エリザベスI世――青木道彦
1572 ユダヤ人とローマ帝国　大澤武男
1587 傭兵の二千年史――菊池良生
1664 新書ヨーロッパ史 中世篇　堀越孝一 編
1673 神聖ローマ帝国――菊池良生
1687 世界史とヨーロッパ　岡崎勝世
1705 魔女とカルトのドイツ史――浜本隆志
1712 宗教改革の真実――永田諒一
2005 カペー朝――佐藤賢一
2070 イギリス近代史講義――川北稔
2096 モーツァルトを「造った」男――小宮正安
2281 ヴァロワ朝――佐藤賢一
2316 ナチスの財宝――篠田航一
2318 ヒトラーとナチ・ドイツ　石田勇治
2442 ハプスブルク帝国――岩﨑周一

世界史Ⅱ

959 東インド会社―――浅田實
971 文化大革命―――矢吹晋
1085 アラブとイスラエル 高橋和夫
1099 「民族」で読むアメリカ 野村達朗
1231 キング牧師とマルコムX 上坂昇
1306 モンゴル帝国の興亡〈上〉―杉山正明
1307 モンゴル帝国の興亡〈下〉―杉山正明
1366 新書アフリカ史―宮本正興 松田素二 編
1588 現代アラブの社会思想 池内恵
1746 中国の大盗賊・完全版―高島俊男
1761 中国文明の歴史―――岡田英弘
1769 まんが パレスチナ問題 山井教雄
1811 歴史を学ぶということ 入江昭
1932 都市計画の世界史―日端康雄
1966 〈満洲〉の歴史―――小林英夫
2018 古代中国の虚像と実像 落合淳思
2025 まんが 現代史―――山井教雄
2053 〈中東〉の考え方―――酒井啓子
2120 居酒屋の世界史―――下田淳
2182 おどろきの中国 橋爪大三郎 大澤真幸 宮台真司
2189 世界史の中のパレスチナ問題 臼杵陽
2257 歴史家が見る現代世界 入江昭
2301 高層建築物の世界史 大澤昭彦
2331 続 まんが パレスチナ問題 山井教雄
2338 世界史を変えた薬 佐藤健太郎
2345 鄧小平―――エズラ・F・ヴォーゲル 聞き手＝橋爪大三郎
2386 〈情報〉帝国の興亡―玉木俊明
2409 〈軍〉の中国史―――澁谷由里
2410 入門 東南アジア近現代史 岩崎育夫
2445 珈琲の世界史―――旦部幸博
2457 世界神話学入門―――後藤明
2459 9・11後の現代史 酒井啓子

政治・社会

1145 冤罪はこうして作られる　小田中聰樹
1201 情報操作のトリック　川上和久
1488 日本の公安警察――青木理
1540 戦争を記憶する――藤原帰一
1742 教育と国家――高橋哲哉
1965 創価学会の研究――玉野和志
1977 天皇陛下の全仕事――山本雅人
1978 思考停止社会――郷原信郎
1985 日米同盟の正体――孫崎享
2068 財政危機と社会保障――鈴木亘
2073 リスクに背を向ける日本人　山岸俊男 メアリー・C・ブリントン
2079 認知症と長寿社会――信濃毎日新聞取材班
2115 国力とは何か――中野剛志
2117 未曾有と想定外――畑村洋太郎
2123 中国社会の見えない掟　加藤隆則
2130 ケインズとハイエク　松原隆一郎
2135 弱者の居場所がない社会　阿部彩
2138 超高齢社会の基礎知識　鈴木隆雄
2152 鉄道と国家――小牟田哲彦
2183 死刑と正義――森炎
2186 民法はおもしろい――池田真朗
2197 「反日」中国の真実――加藤隆則
2203 ビッグデータの覇者たち――海部美知
2246 愛と暴力の戦後とその後――赤坂真理
2247 国際メディア情報戦――高木徹
2294 安倍官邸の正体――田﨑史郎
2295 福島第一原発事故7つの謎　NHKスペシャル『メルトダウン』取材班
2297 ニッポンの裁判――瀬木比呂志
2352 警察捜査の正体――原田宏二
2358 貧困世代――藤田孝典
2363 下り坂をそろそろと下る　平田オリザ
2387 憲法という希望――木村草太
2397 老いる家　崩れる街　野澤千絵
2413 アメリカ帝国の終焉　進藤榮一
2431 未来の年表――河合雅司
2436 縮小ニッポンの衝撃　NHKスペシャル取材班
2439 知ってはいけない――矢部宏治
2455 保守の真髄――西部邁

日本語・日本文化

Ⓟ